❷ 침투와 공략, 세균과 바이러스의 하루

목차

1. 최강의 생물, 세균! 004
    Short Interview   세균 편 1 008

2. 나를 소개하지, 내 이름은 세균! 009
    Short Interview   세균 편 2 014

3. 세균과 생물의 세포는 달라! 015

4. 세균은 이렇게 생겼어! 019
    Short Interview   알균 편 022

5. 세균의 피부, 세포벽! 023
    Short Interview   미코플라스마 편 026

6. 마치 다용도 칼 같아, 세포질막! 027

7. 세균이 입는 갑옷, 협막! 031
    Short Interview   폐렴사슬알균 편 034

8. 세균의 발과 손, 편모와 섬모! 035
    Short Interview   세균 편 3 040

9. 비밀병기, 플라스미드와 트랜스포존! 041
    Short Interview   철수 편 051

10. 세균의 씨앗, 포자! 052

11. 사람과 서로 도와요, 정상균무리! ·············· 061
    Short Interview   비즈니스 편 ·············· 067

12. 쉬운 일이 아니야! 세균 감염! ·············· 068

13. 지금 만나러 갑니다, 세균 침입! ·············· 072
    Short Interview   세균 침입 편 ·············· 074

14. 너의 껌딱지가 되고 싶어, 부착! ·············· 075
    Short Interview   쌀밥&콩밥 편 ·············· 079

15. 새집 살림 시작했어요, 집락화! ·············· 080
    Short Interview   세균 증식 편 ·············· 084

16. 은밀하고 당당하게! 침습과 증식! ·············· 085
    Short Interview   보톡스 편 ·············· 093

17. 감염이 실패하지 않도록,
       세균의 면역 반응 회피! ·············· 094

18. 생물? 무생물? 확실한 건
       엄청 작다는 것, 바이러스! ·············· 104
    Short Interview   바이러스 편 1 ·············· 108

19. 이러쿵저러쿵,
       바이러스의 요모조모! ·············· 109

20. 바이러스는 만능열쇠가 아니야!
       숙주역과 조직 친화성! ·············· 117
    Short Interview   바이러스 편 2 ·············· 126

21. 바이러스는 이렇게 생겼어! ·············· 127
    Short Interview   바이러스 편 3 ·············· 133

22. 협막과 비슷하다, 바이러스의 외피! ·············· 134

23. 세균과는 또 다른
       바이러스의 면역 반응 회피! ① ·············· 140
    Short Interview   김씨 편 ·············· 152

24. 세균과는 또 다른
       바이러스의 면역 반응 회피! ② ·············· 153

25. 감염이라고 다 똑같은 감염이 아니야! ·············· 167

26. 그래도 괜찮아, 사람에겐
       백신이 있으니까! ·············· 180
    Short Interview   백신 편 ·············· 194

27. 백신부작용! 진실 혹은 거짓! ·············· 195

1장. 최강의 생물, 세균!

이 세상에서 가장 강한 생물은 뭘까? 공룡? 사자? 호랑이? 상어? 고래? 사람?

아주 먼 옛날이었다면 공룡이 가장 강했을지도 모르지만,

진작에 멸종돼서 요새는 볼 수도 없으니 공룡은 아니야.

사자나 호랑이가 제아무리 맹수라 한들

사람의 총 앞에서는 한낱 고양이일 뿐이지.

야, 야옹...!

상어나 고래 역시 마찬가지.

그저 식재료에 지나지 않아.

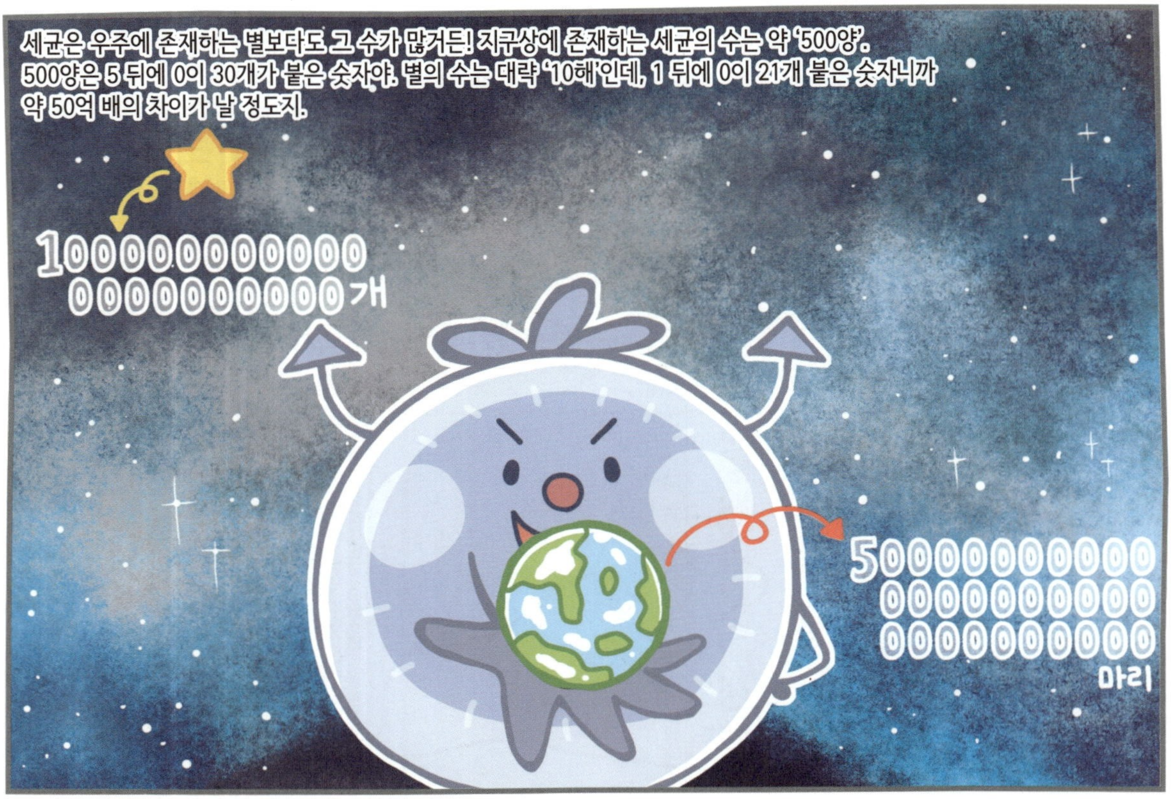

세균은 우주에 존재하는 별보다도 그 수가 많거든! 지구상에 존재하는 세균의 수는 약 '500양'. 500양은 5 뒤에 0이 30개 붙은 숫자야. 별의 수는 대략 '10해'인데, 1 뒤에 0이 21개 붙은 숫자니까 약 50억 배의 차이가 날 정도지.

지구에 사는 사람이 몇 명이었더라? 80억?

지구에 사는 사람의 세포 수를 다 더해도 약 '3해'. 3 뒤에 0이 20개 붙은 숫자일 뿐이니 말해 뭐해.

에계, 이것밖에 안 돼?

우리 세균은 공룡이 태어나기도 전부터 지구에 살고 있었어. 그런데 뭐? 사람이 최강? 기가 차는군.

더구나 우리는 지구 어디서든지 살아갈 수 있고, 실제로 살고 있어.

산, 바다, 사막은 물론이고, 극지방.

1장. 최강의 생물, 세균!

화산 속,

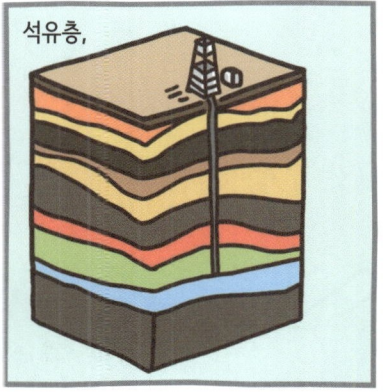
석유층,

심지어는 방사능 오염 지역에서도 살아가.

또, 식물의 몸,

동물의 몸에서도 살고 있다고! 사람도 포함해서 말이지.

강한 자가 살아남는 게 아니라 살아남는 자가 강한 거라고 했었지?

우리는 지구가 말 그대로 박살이 나기 전까지는 살아남을 텐데, 최강의 생물은 당연히 세균 아니겠어?!

Short Interview | 세균 편 1

Q. 세균은 정말 최강의 생물이 맞나?

2장. 나를 소개하지, 내 이름은 세균!

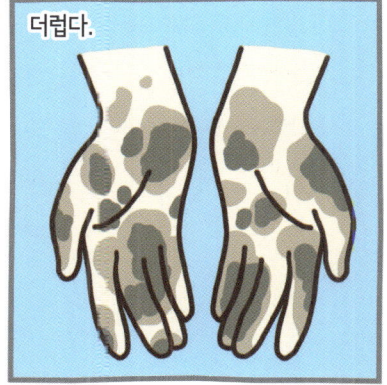
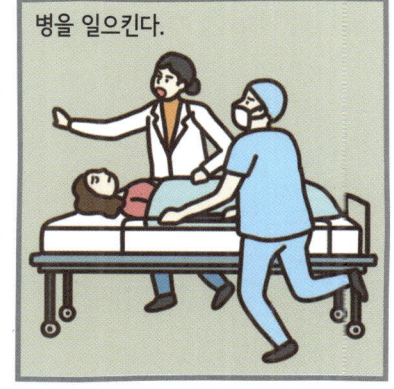

예를 들면 시들어서 마른 풀이라는 이름이 붙은

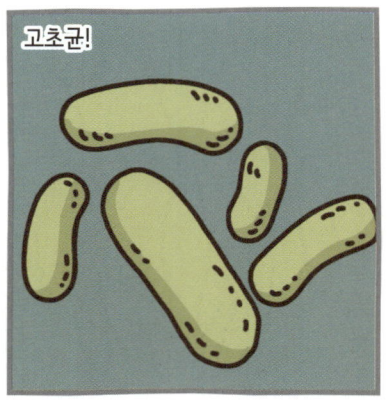
고초균!

고초균은 된장이나 간장을 발효시킬 때 쓰이는 세균이야.

된장, 간장을 먹으면 맛볼 수 있는 감칠맛을 만들어 주지.

얼마나 맛깔스러운지! 자꾸만 먹고 싶다니까!

고초균은 숨 쉬고, 먹고, 싸는 등의 생명 활동을 하면서

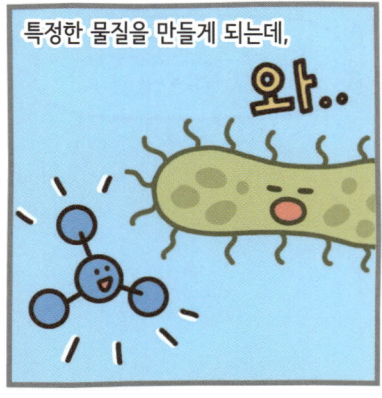
특정한 물질을 만들게 되는데,

와..

이 물질이 바로 감칠맛의 주성분이란 말씀.

또, 빵이나 맥주 같은 음식을 만드는 데 쓰이는

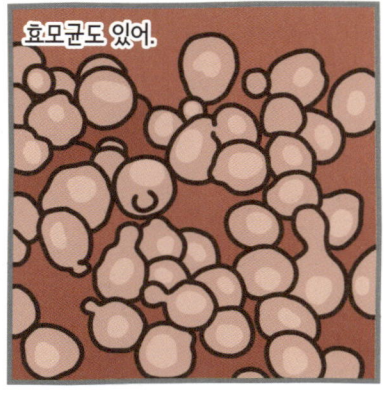
효모균도 있어.

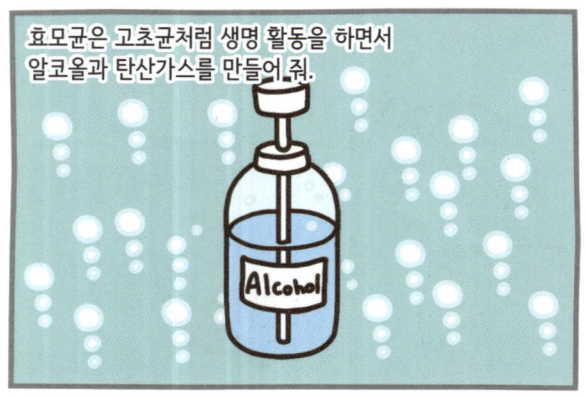
효모균은 고초균처럼 생명 활동을 하면서 알코올과 탄산가스를 만들어 줘.

빵 반죽을 부풀게 하거나 보리가루가 섞인 물을 맥주로 탈바꿈시켜 주는 세균이 바로 효모균!

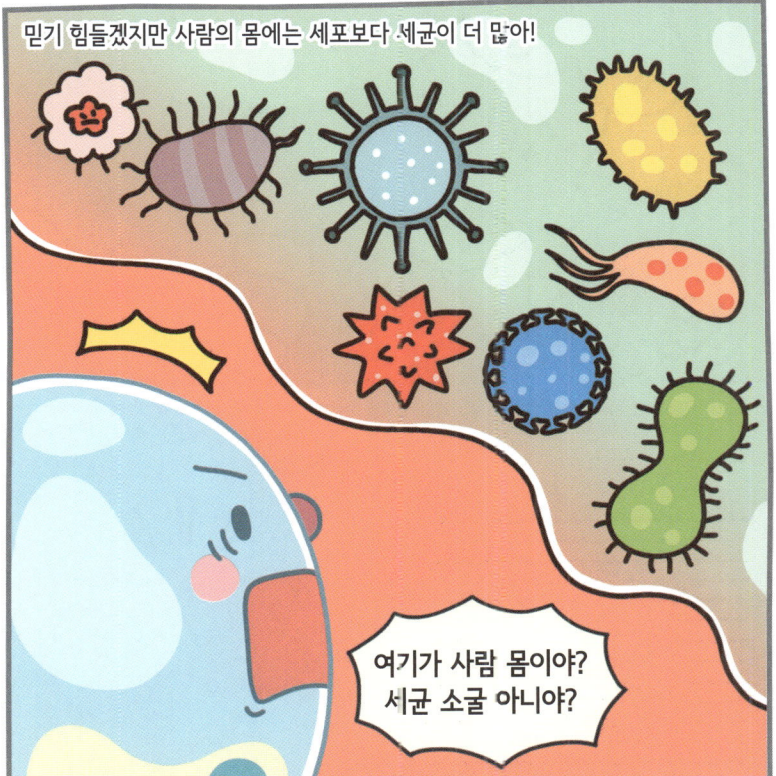

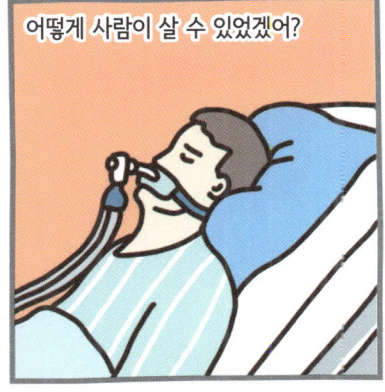

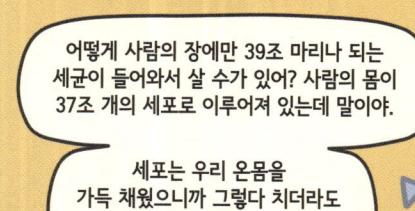

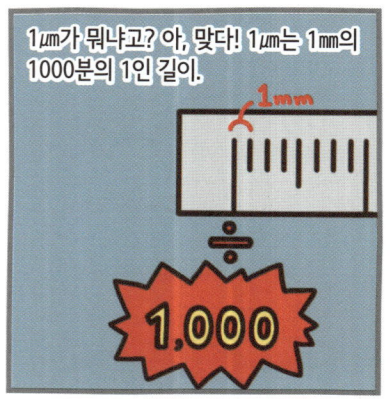

2장. 나를 소개하지, 내 이름은 세균!

작은 저택이나

높은 고층 빌딩과도 같아! 그만큼 세포는 세균보다 커다랗다고!

그래서 사람 몸에 세포보다 많은 수의 세균이 있을 수 있는 거지.

그렇담 네 말이 전부 사실이란 말이야? 말도 안 돼..! 내 몸이 세균 덩어리였다니!

충격 받을 일은 아니야. 모든 생물이 세균과 함께 살아가고 있으니 말이야.

오히려 세균이 없어지는 것에 충격을 받아야지. 만약 세균이 모조리 죽는다면, 지구상의 생물이라곤 존재하지 않을 테니까!

2장. 나를 소개하지, 내 이름은 세균!
Short Interview | 세균 편 2

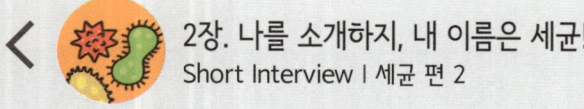

인터뷰어 님이 세포 님, 사람 님을 초대했습니다.

사람의 몸에 세균이 그렇게나 많다는 사실을 알고 계셨나요?

세포: 어... 그게... 그러니까... 많은 건 알았는데요. 솔직히 우리보다 많은 줄은 몰랐죠. 아무래도 저희가 각자 맡은 역할이 있고, 24시간 항상 바쁘다 보니까...

사람: 헹! 무능할 뿐이면서!

장 속에만 세균이 39조 마리나 살고 있는데, 그걸 몰랐다는 게 말이 돼?

세포: 너는 말을 해도 꼭... 반대로 생각을 해 봐! 요리사가 요리하다 말고 새우 다리가 몇 개인지 세면 되겠냐고!

사람: 응, 그래도 돼. 요리만 잘하면 그만이야~

사람 님이 퇴장하셨습니다.

세포: 하아아...

3장. 세균과 생물의 세포는 달라!

세포에는 '원핵세포'와 '진핵세포'가 두 가지가 있지. 둘을 구별하는 가장 큰 차이는 핵이야. '원핵세포'는 '핵이 없는 원시적인 형태의 세포', '진핵세포'는 '진짜 핵이 있는 세포'지. 다른 생물은 진핵세포들로 이루어져 있지만, 우리 세균은 원핵세포 하나로도 생물이라고.

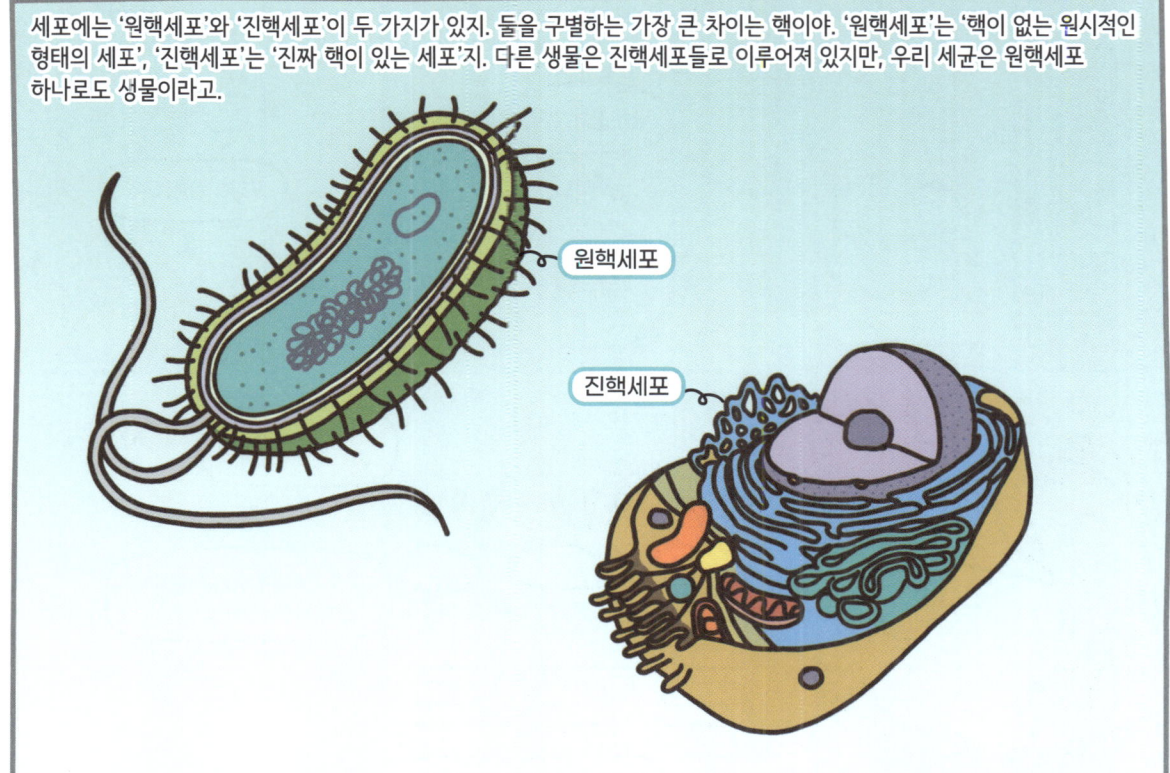

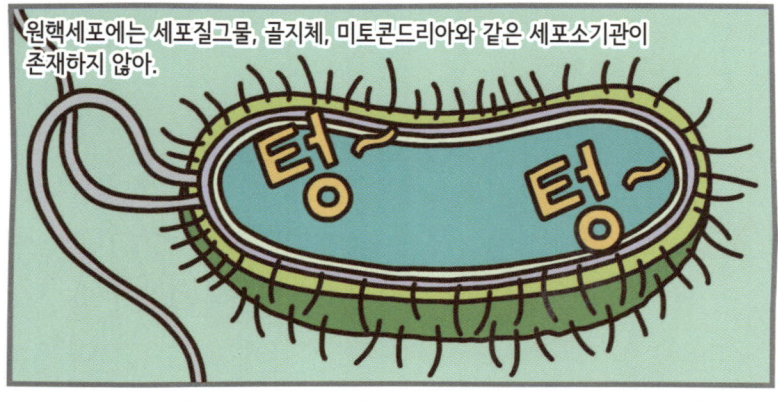

세균, 지구에서 가장 뛰어난 생물

'강한 자가 살아남는 것이 아니다. 살아남은 자가 강한 것이다.'라는 말은 사실 다윈이 한 말은 아니야. 다윈은 '강한 것이 살아남는 것이 아니고, 가장 똑똑하다고 해서 살아남는 것도 아니다. 변화에 가장 잘 적응한 것이 살아남는다.'라고 말했어. 하지만 어느 모로 봐도, 지구에서 가장 뛰어난 생물은 다름 아닌 세균이야. 세균은 약 40억 년 전부터 지구에서 살았던 것으로 추정되거든. 제일 오래 살아남은 생물이자 변화에 가장 잘 적응한 생물이지. 온갖 생물이 태어나고 번성하고 사그라질 때도, 세균은 우리 곁을 떠난 적이 없어.

세균, 우주의 별보다도 많은 생물

지구에는 약 80억 명의 사람이 살고 있어. 사람처럼 공동체를 이뤄 생활하는 개미의 경우에는 1~2경 마리 정도가 살고 있다고 알려져 있어.
세균은 약 5,000,000,000,000,000,000,000,000,000,000마리 정도?
우리말로는 '500양'이라고 하지.
우주의 별은 약 100,000,000,000,000,000,000개 정도 있어.
우리말로는 '10해'라고 해. 세균이 우주의 별보다 약 50억 배나 더 많아!

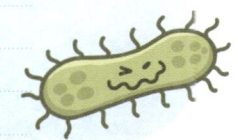

우리 몸에 세균이 살고 있다?

우리 몸은 세포로 이루어져 있지만, 세포만 있는 건 아니야.
세균도 함께 우리 몸에 살고 있어. 피부나, 몸속에서 말이지.
특히 장에서 사는 세균만 약 39조 마리! 우리 몸이 37조 개의 세포로
이루어져 있으니, 사실 우리 몸에는 세포보다 세균이 더 많은 셈이야.

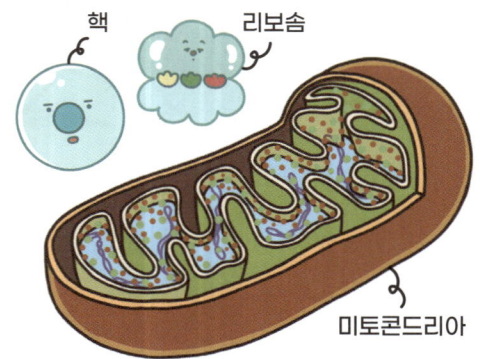

실은 세포 속에도 세균의 후손이 살고 있어. 그건 바로
세포소기관인 미토콘드리아야. 미토콘드리아는 몸속에
독자적인 유전자를 가지고 있는데, 그 유전자는 오히려 세균과
비슷해. 또 세균을 죽이는 항생제, 항균제를 사용했을 때, 어떤
약은 세균만이 아니라 세포의 미토콘드리아를 망가뜨리기도
하지. 지금은 세포소기관으로서 세포의 에너지를 만들어 주지만,
아주 옛날에는 세균이었을 확률이 높다는 얘기지.

세균과 세포는 다르다?

세균은 원핵세포로 되어 있는 반면, 식물과 동물은 진핵세포로 이루어져 있어.
원핵세포와 진핵세포를 구별하는 가장 근본적인 차이는 바로 '핵'이야. 물론 세포막이나 세포질 같은
세포소기관의 차이도 크게 나타나지만 말이야. 원핵세포는 핵이 없이 유전 물질이 세포질 내에 녹아 있고,
진핵세포는 식물이 되었든 동물이 되었든 핵 속에 유전자가 들어 있지. 또 세균은 한 마리, 한 마리가
하나의 개체로서 기능하는 단세포 생물인데 반해, 동식물의 세포는 여러 세포가 모여 하나의 생명체로서
기능하는 다세포 생물의 한 부분이야. 이처럼 세균과 세포는 생각보다 큰 차이를 가지고 있어.

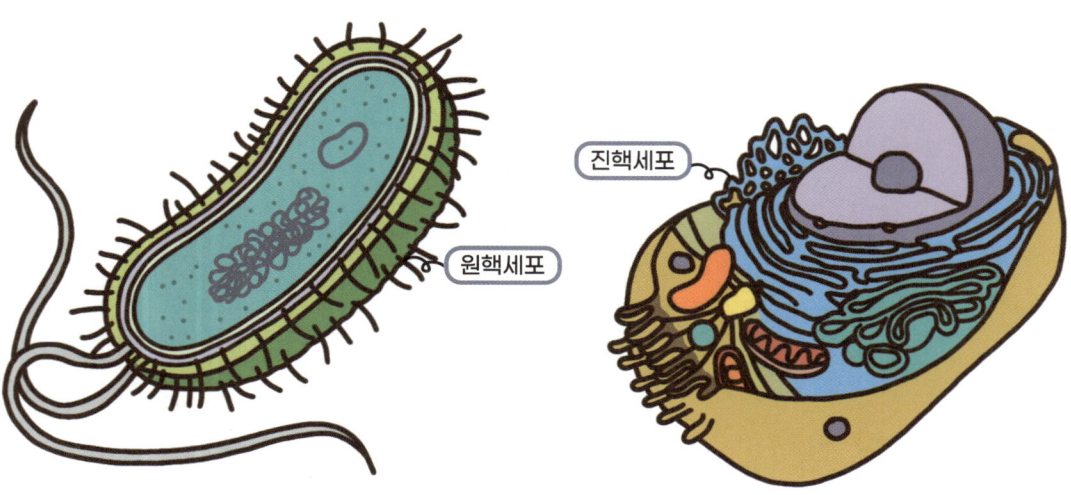

4장. 세균은 이렇게 생겼어!

휴대폰이라고 다 똑같은 휴대폰이 아니고

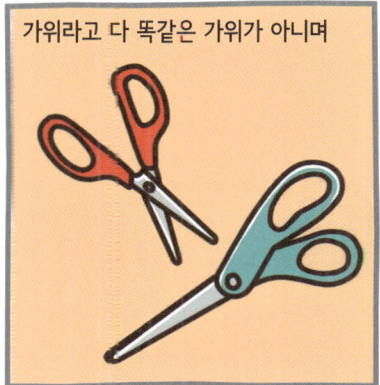
가위라고 다 똑같은 가위가 아니며

사람이라고 다 똑같은 사람이 아닌 것처럼

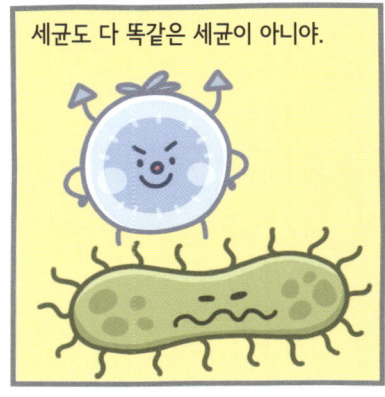
세균도 다 똑같은 세균이 아니야.

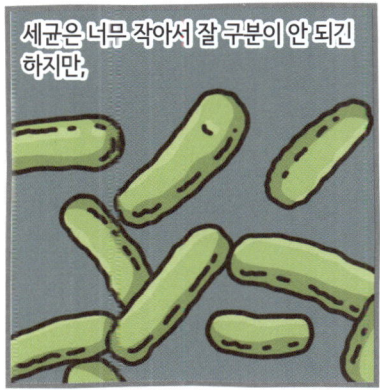
세균은 너무 작아서 잘 구분이 안 되긴 하지만,

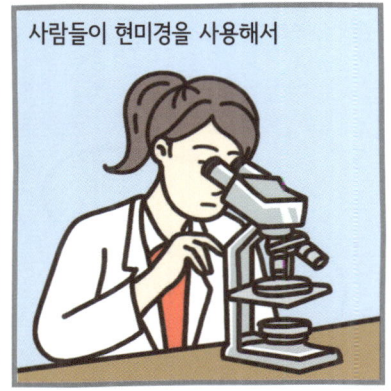
사람들이 현미경을 사용해서

세균을 최대한 확대해 보며

구분하려고 노력한 결과

우리의 모습을 알아내고야 말았지.

까악!

세균이라고 다 같은 모양을 가지고 있는 건 아니야.

크게 여섯 종류의 모양이 있단 말씀!

물론 지금까지 사람이 발견한 세균 중에서는 말이야.

다른 모양의 세균이 있을 수도 있고, 없을 수도 있습니다. 하하...

둥글둥글 알처럼 생긴 '알균'.

막대처럼 생긴 '막대균'.

둥근 것도, 막대처럼 길쭉한 것도 아닌 '알막대균'.

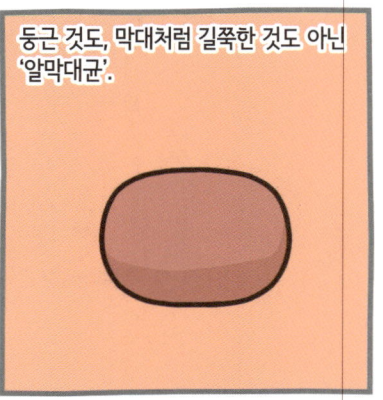

살짝 구부러진 막대기 모양인 '비브리오'.

꼬불꼬불한 모양의 '스피릴룸'.

나사처럼 가늘고 긴 나선 모양의 '스피로헤타'.

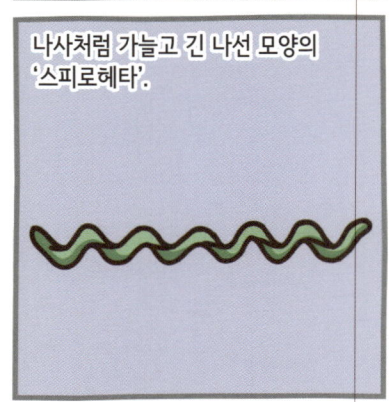

이 가운데 알균은 조금 특이해.

세균도 세포처럼 하나가 둘로 분열하며 증식하는데,

어떻게 분열하냐에 따라서 모여 있는 형태가 달라지거든.

분열의 기준이 되는 면이 일정한 알균이 있고,

일정하지 않은 알균이 있어서 일어나는 일이지.

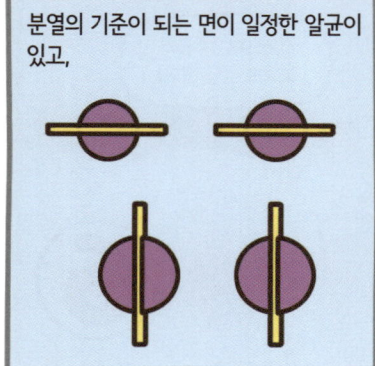
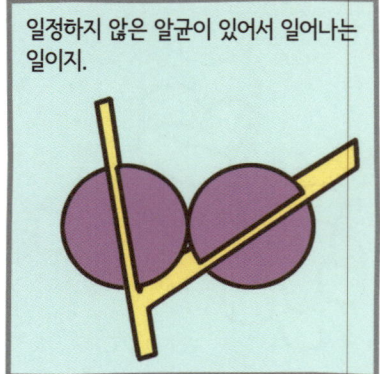

4장. 세균은 이렇게 생겼어!

알균이 분열하는 면이 항상 일정하다면

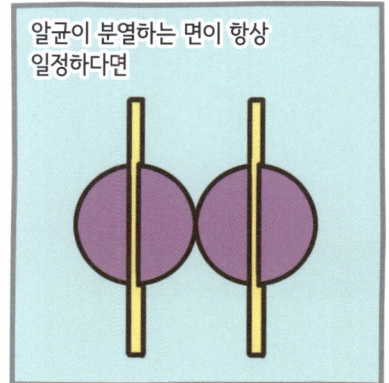

알균이 늘어남에 따라서 일자로 쭈욱 배열되는데, 이런 알균들은 사슬처럼 모였다고 해서 '사슬알균'이라고 해.

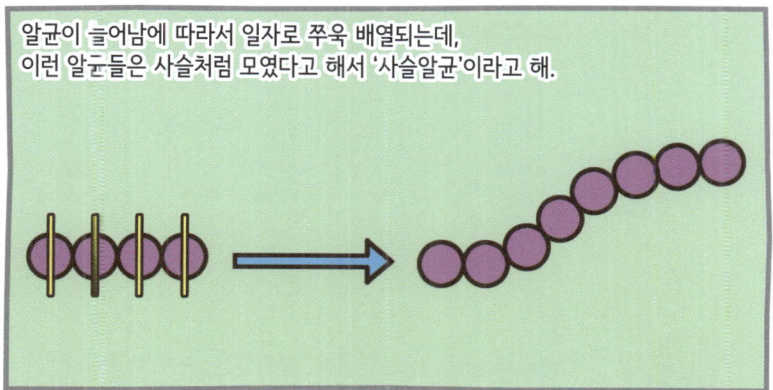

분열하는 면이 한쪽 방면이지만 이어지는 게 아니라 두 개씩 딱딱 끊어져 있다면 한 쌍씩 짝을 지은 것처럼 보여서 '쌍알균'이라고 불러.

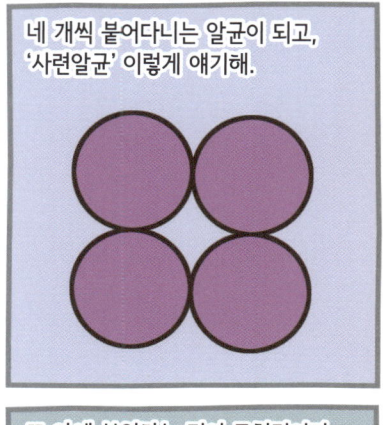

떡국에 들어가는 조랭이떡 같은 모양이야.

알균이 한번은 수직으로 분열하고 또 한번은 수평으로 분열하면

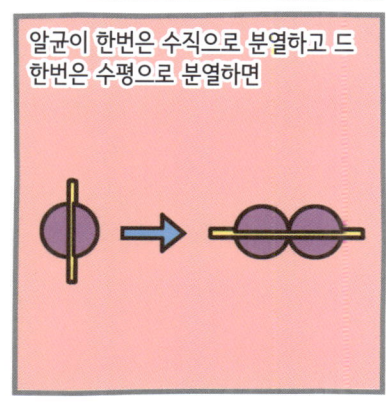

네 개씩 붙어다니는 알균이 되고, '사련알균' 이렇게 얘기해.

사련알균은 앞뒤로 분열하는 경우도 있는데,

이 알균은 여덟 개씩 붙어 다닌다고 해서 '팔련알균'이라고 하지.

또 아예 분열하는 면이 규칙적이지 않은 알균도 있어. 자기 마음대로 마구 분열하는 거야.

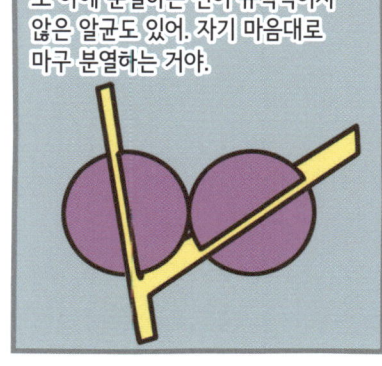

그걸 '포도알균'이라고 하는데, 정말 포도송이처럼 뭉쳐서 커지기 때문!

이처럼 세균은 다양한 모양이라는 거, 똑똑히 기억해 줘~

4장. 세균은 이렇게 생겼어!
Short Interview | 알균 편

> 인터뷰어 님이 알균 님, 세균 님을 초대했습니다.

> 어떤 알균이 되고 싶으신가요?

 흠... 쌍알균, 사슬알균, 사련알균, 팔련알균, 포도알균.

 참 많은 알균이 있네요. 그런데 사실 저는 어떤 알균이 되고 싶다고 생각해 본 적이 없습니다. 일단 증식을 하고 나면 새로 태어난 알균과도 상의를 해 봐야 하고...

> 정말 답답하다. 네가 뭐가 되고 싶냐고 묻는 거잖아, 지금!

 어... 그러니까 제 말은 잘 모르겠다는 건데요?

 그럼 지금 생각해서 얘기해 주면 되는 거 아니야?

 아니...

 ㅜ.ㅜ...

> 알균 님이 나가셨습니다.

> 끝까지 말 안 하네. 쯧.

5장. 세균의 피부, 세포벽!

건물 내부를 지키는 외벽이 존재하고,

사람의 몸을 지키기 위해 피부가 존재하듯,

세균의 몸을 덮고 있는 게 있어.

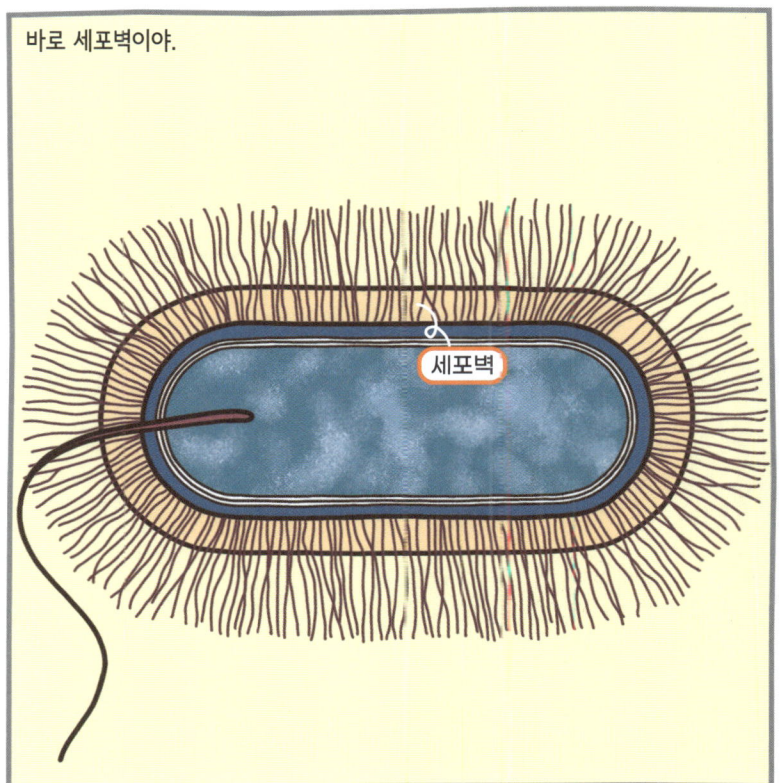
바로 세포벽이야.

세포벽

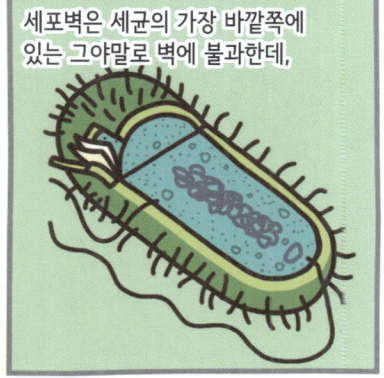
세포벽은 세균의 가장 바깥쪽에 있는 그야말로 벽에 불과한데,

세균에게 있어서 생각 외로 중요한 역할을 해.

벽을 얕보지 마!

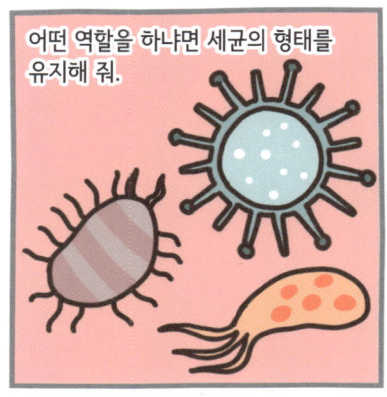
어떤 역할을 하냐면 세균의 형태를 유지해 줘.

만약 알균이라면 동그란 모양이

다른 모양으로 변하지 않도록,

울렁 울렁

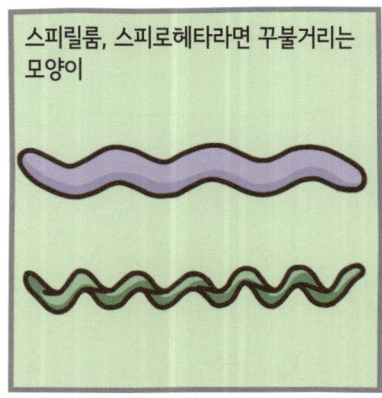

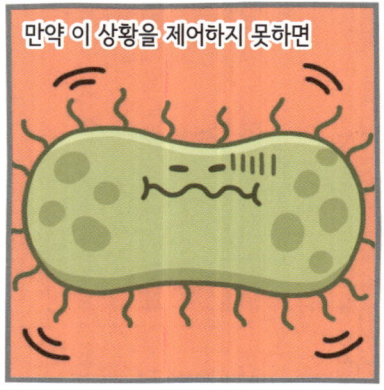

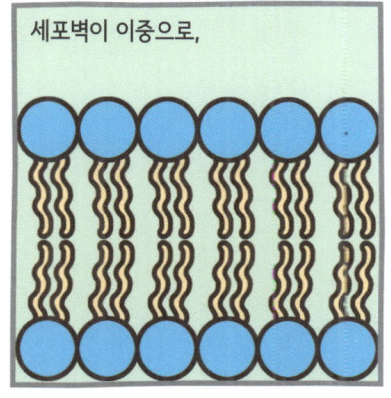
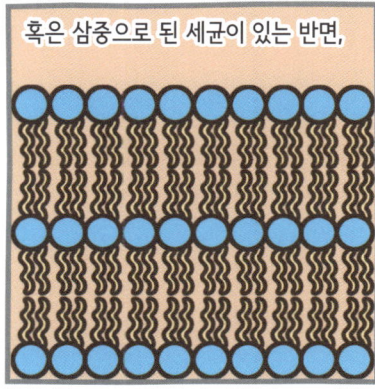

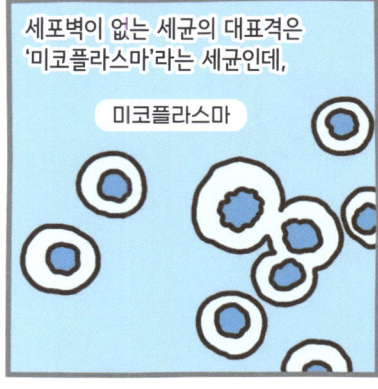

5장. 세균의 피부, 세포벽!
Short Interview | 미코플라스마 편

인터뷰어 님이 미코플라스마 님을 초대했습니다.

세포벽이 없어서 불편한 점은 없나요?

 불편한 점이라... 친구들을 알아보기 힘들다는 것 정도? 친구들의 모양이 바뀌면 참 난감하죠.

 한번은 제 친구인 줄 알고 인사를 했는데, 처음 보는 애더라고요.

그러면 미코플라스마는 세균 중 어떤 형태로 분류되나요?

 알균, 비브리오, 스피로헤타 뭐 이런 거 말인가요?

 미코플라스마는 모양으로 분류되지 않아요. 때에 따라 다양한 모양으로 바뀌거든요.

 직사각형 모양일 때도 있답니다.

 갑자기 왜 그러세요?

이렇게 정상적인 인터뷰가 정말 오랜만이라서요...

진짜 감동했어요... 감사합니다...

6장. 마치 다용도 칼 같아, 세포질막!

세포벽 안쪽으로는 막이 쳐져 있는데, 이걸 '세포질막'이라고 해.

세포벽 안의 세포질을 보호하는 막이지.
아~ 세포막처럼~!

일반적인 세포의 세포막과 거의 같긴 하지만 기능이나 성질이 많이 다르기 때문에

보통 세포질막이라고 부르는 편이야.
세포질막이라고 합시다!

세포막은 세포와 세포 외부를 구분하는 장벽이 되어 주고, 물질 이동에 관여하는 등의 일을 해낼 뿐이지만

세균의 세포질막은 그렇지 않거든. 엄청나게 많은 일을 해내지.

마치 다용도 칼처럼!

다용도 칼은 주머니에 쏙 들어갈 만큼 작긴 해도

그 안에는 엄청나게 많은 기능들이 숨어 있잖아? 세포질막이 딱 그래.

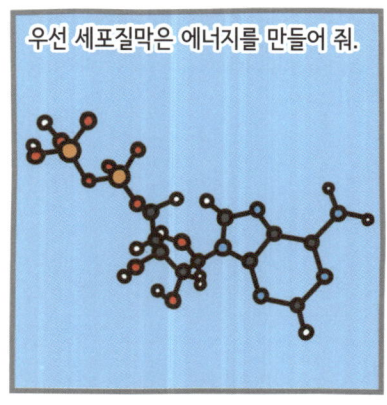
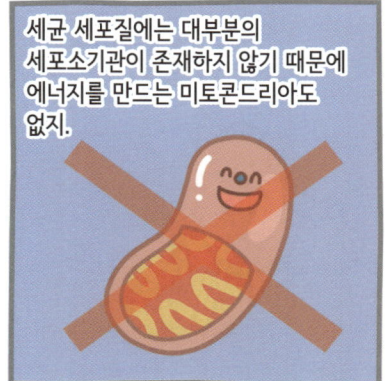

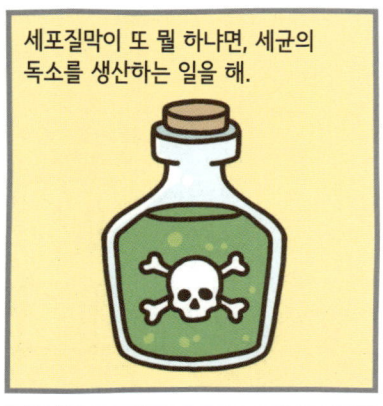

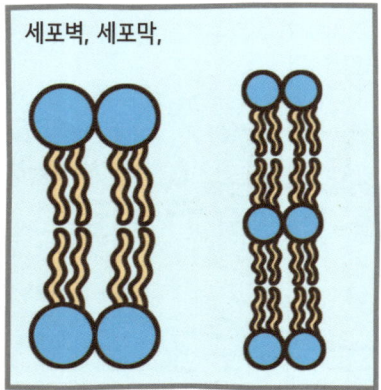
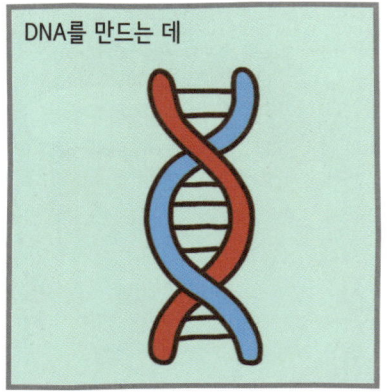
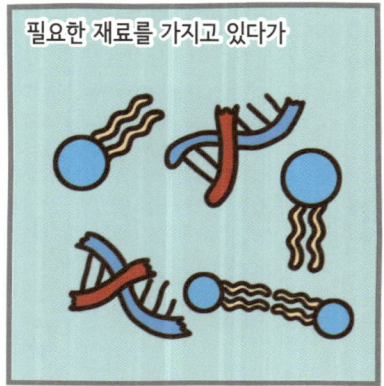

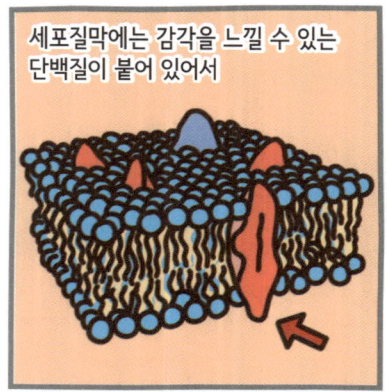
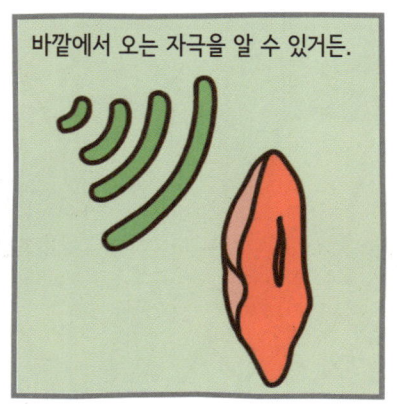

7장. 세균이 입는 갑옷, 협막!

과거의 무사들이 갑옷을 입고,

현재의 군인들이 방탄복을 입듯이

세균도 갑옷을 입어.

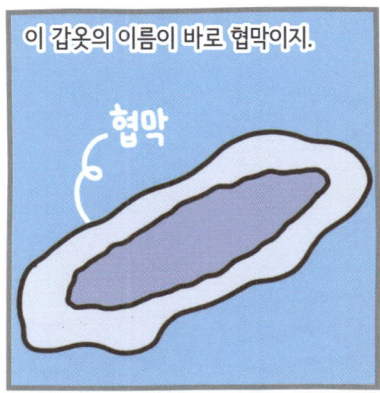
이 갑옷의 이름이 바로 협막이지.

협막은 면역 세포의 포식 작용을 무력화시켜.

사람 몸에 세균이 들어오고

면역 세포가 그 세균을 잡아먹는 걸 '포식 작용'이라고 하는데,

세균을 꿀꺽 삼킨 뒤에 분해해서 녹이기까지 하거든?

하지만 협막이 있으면 세균은 분해되지 않아.

면역 세포가 아무리 많은 세균을 집어삼켜도

세균이 죽지를 않는 거야.

죽음이라… 그게 도대체 뭐죠?

더구나 협막은 물 알갱이를 붙잡아서

건조한 환경에서도 세균이 살아남을 수 있도록 도와주기까지 해!

그야말로 엄청난 갑옷!

그런데 문제는 협막이 얼렁뚱땅 제 맘대로라는 거야...

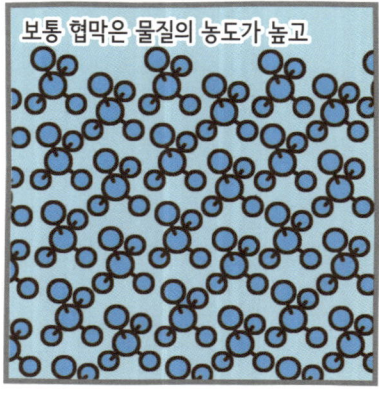
보통 협막은 물질의 농도가 높고

온도가 37℃인 환경에서 주로 생겨나지만,

조건을 만족했다고 해서 반드시 만들어지는 것도 아니고

왜 안 만들어지지...?

조건이 갖춰지지 않았다고 해서 무조건 만들어지지 않는 것도 아니야.

왜 만들어졌지...?

또, 필요한 때가 '됐다고' 해서 생겨나는 것도 아니지.

음...? 이건... 죽었구먼...

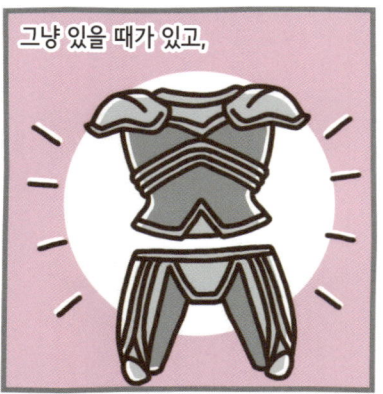
그냥 있을 때가 있고,

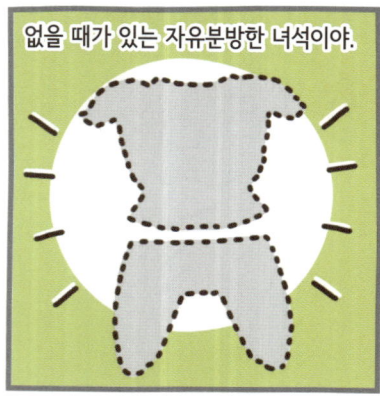
없을 때가 있는 자유분방한 녀석이야.

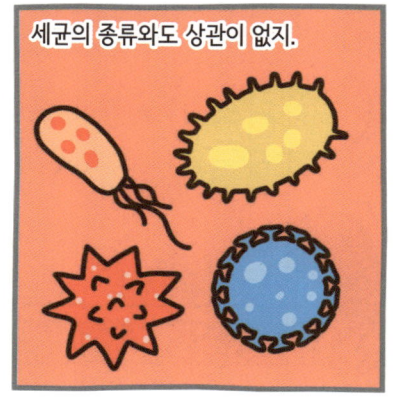
세균의 종류와도 상관이 없지.

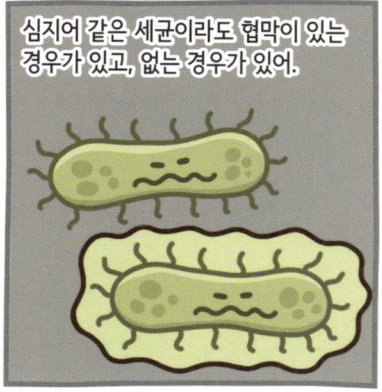
심지어 같은 세균이라도 협막이 있는 경우가 있고, 없는 경우가 있어.

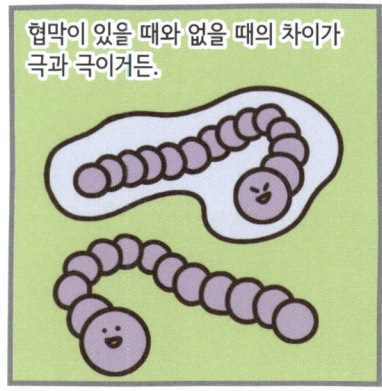

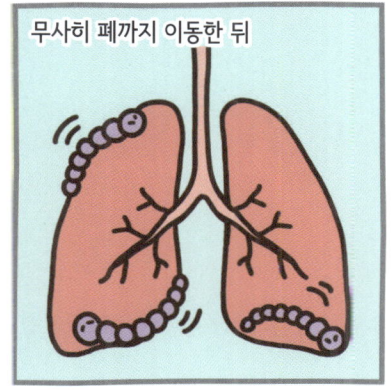

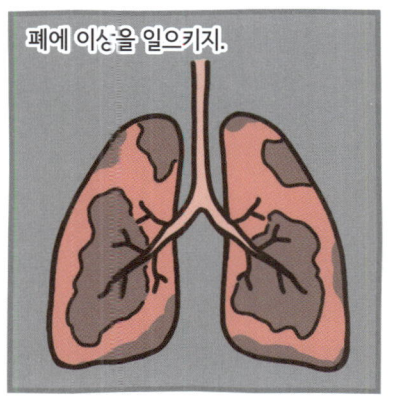

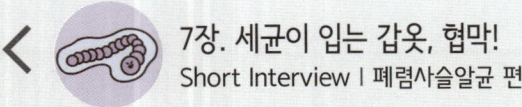 7장. 세균이 입는 갑옷, 협막!
Short Interview | 폐렴사슬알균 편

인터뷰어 님이 폐렴사슬알균 님을 초대했습니다.

폐렴사슬알균에게 협막이란 어떠한 존재인가요?

 글쎄요... 있어도 그만, 없어도 그만인 정도?

정말인가요?

 하아아... 인터뷰어부터 선입견으로 가득 차 있다니...

무슨 말씀이신지...?

 아까 정말이냐고 물으셨죠?

협막이 있으면 병을 일으킬 수 있는데도 대수롭지 않아 하셔서...

 이것 보라고요. 그게 바로 세균에 대한 가장 큰 오해 중 하나예요.

사실 우리 세균 친구들은 증식할 수 있기만 하면 다른 건 신경도 쓰지 않아요. 어쩌다 사람의 몸에서 살게 되다 보니 병을 일으키게 된 거죠. 다른 곳에서 살았다면 그러지 않았을 거라고요.

폐렴사슬알균 님이 나가셨습니다.

8장. 세균의 발과 손, 편모와 섬모!

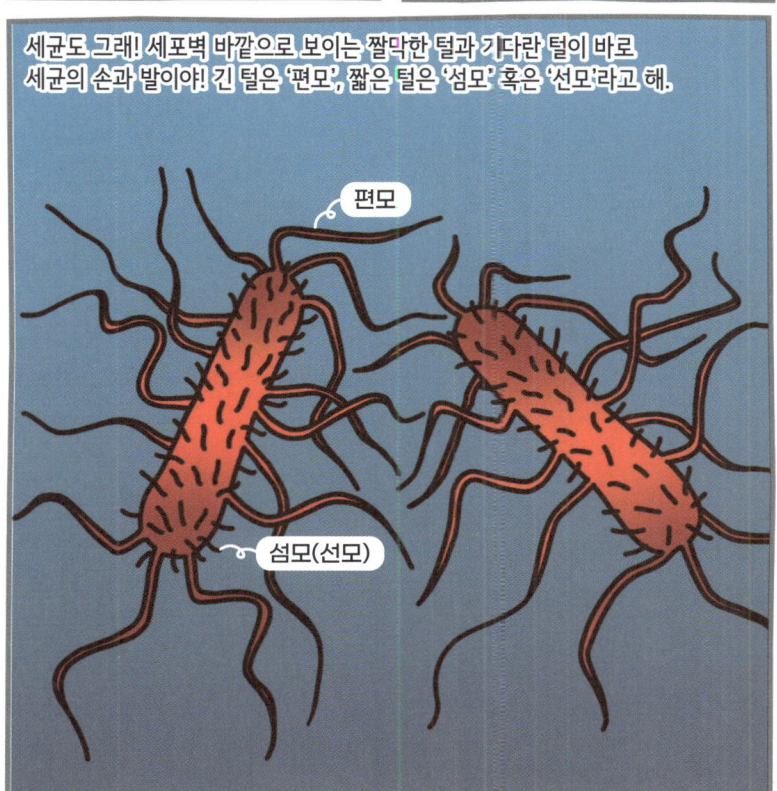
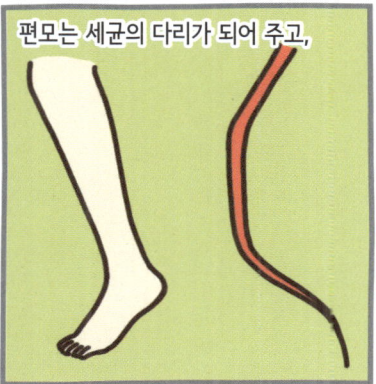
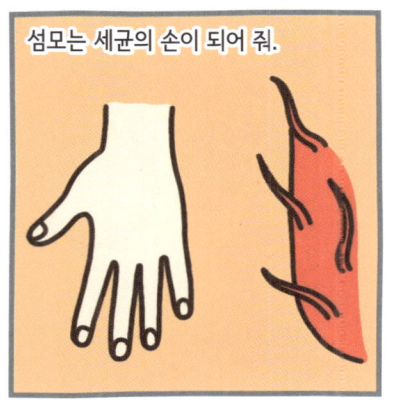

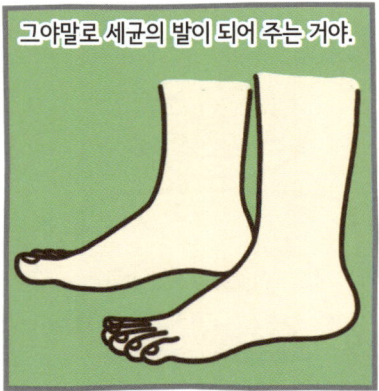
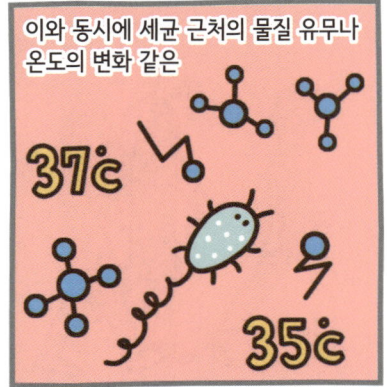

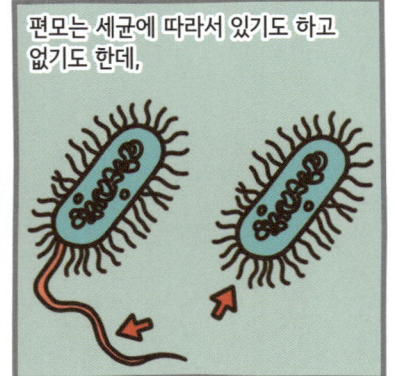

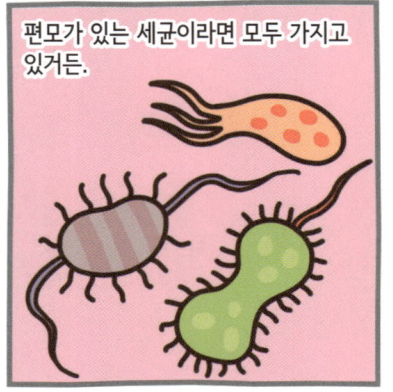

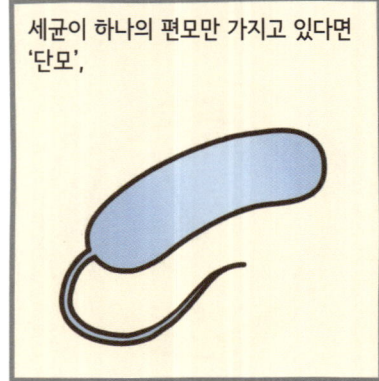

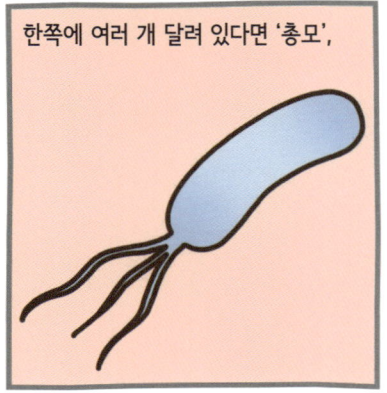

B장. 세균의 발과 손, 편모와 섬모!

온몸에 여러 개 나 있으면 '주모'라고 해.
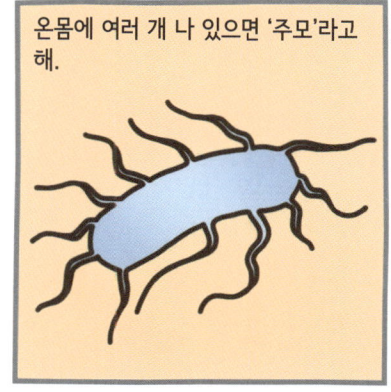

편모의 수가 많으면 많을수록 더 빠르게 이동할 수 있는 데다

더 넓은 범위를 감지할 수 있게 되지만,
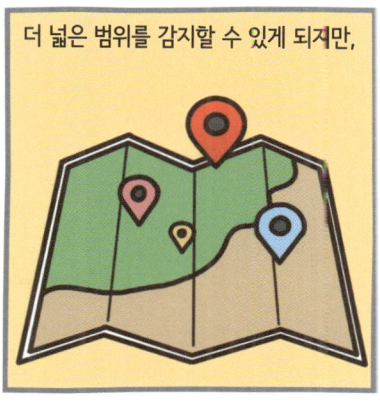

세균이 스스로 편모의 수를 늘린다거나

편모가 거슬린다고 잘라 내지는 못 해.

대신 편모가 손상됐다든지,

완전히 떨어져 나간 경우에는

재생할 수 있어.
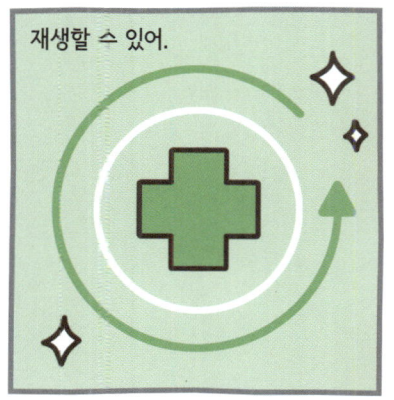

사람의 뼈가 다시 붙고, 상처가 아물듯이 말이야.

다음은 섬모! 섬모는 세균의 손이 되어 준다고 했는데,

정확히는 어딘가에 착! 달라붙는 역할을 해.

사람들이 무언가를 꼬옥 붙잡는 것처럼 말이지!

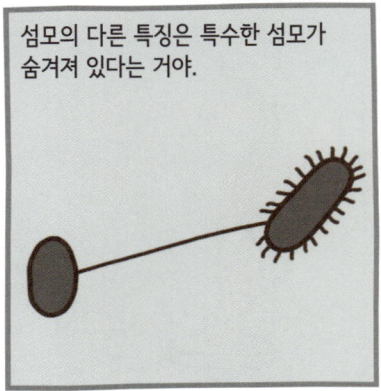

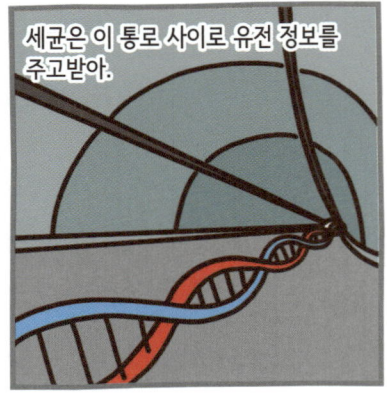

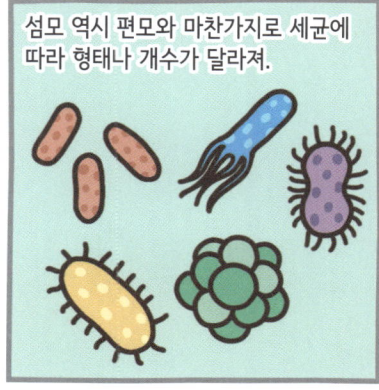
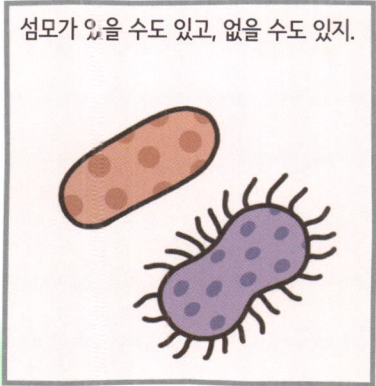
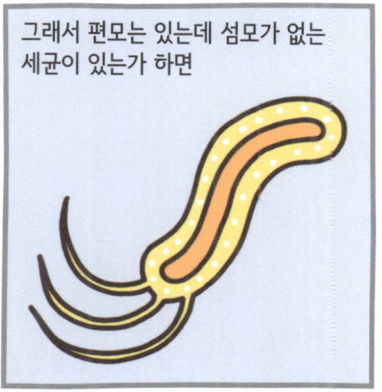
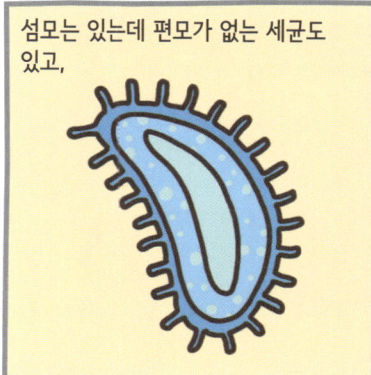

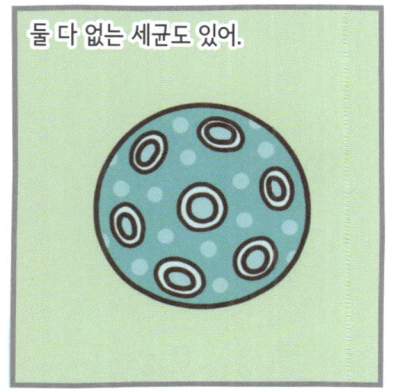

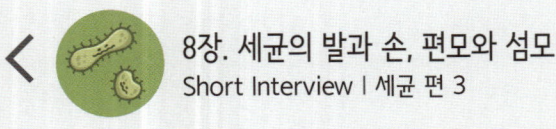

8장. 세균의 발과 손, 편모와 섬모!
Short Interview | 세균 편 3

> 인터뷰어 님이 세균 님을 초대했습니다.

> 항생제를 이겨 냈을 때, 어떤 기분이셨나요?

 세균: 그야말로 쾌재를 불렀죠! 얼마나 기쁜지 눈물이 다 나올 뻔 했다니까요.

> 어쩜 그렇게 이기적이시죠?

 세균: 네? 그게 무슨…

> 고통 받는 사람의 생각을 전혀 안 하시잖아요. 항생제가 여러분들을 만났다는 건, 그만큼 사람의 몸이 아프다는 건데.

 세균: 아니 그러면 우리 보고 그냥 얌전히 죽으라는 말씀이세요?

> 병을 일으키는 세균은 당연히 그래야죠.

> 사람이 죽으면 당신들은 멀쩡할 것 같아요? 그때 되면 돌이킬 수도 없어요!

세균: 어디서 이런 걸 인터뷰라고 하고 있어! 다 때려 치워!

> 세균 님이 나가셨습니다.

9장. 비밀병기, 플라스미드와 트랜스포존!

'슈퍼박테리아'라고 들어 봤어?

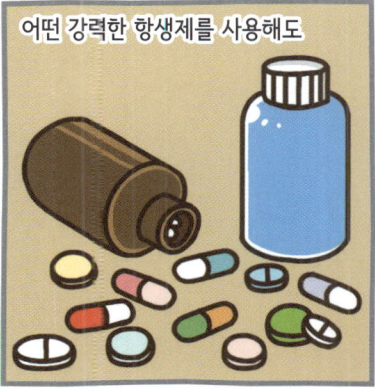

어떤 강력한 항생제를 사용해도

죽지 않는 세균을 슈퍼박테리아라고 불러.

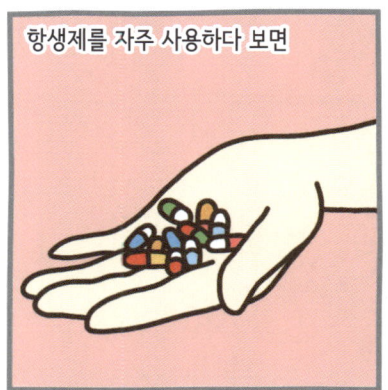

항생제를 자주 사용하다 보면

항생제에 저항할 수 있는 세균이 나타나기 시작하고,

그럼 어쩔 수 없이 더욱 강력한 항생제를 사용하게 되는데,

그마저도 이겨 내는 세균이 생겨나기도 하거든? 이게 바로 슈퍼박테리아야.

9장. 비밀병기, 플라스미드와 트랜스포존!

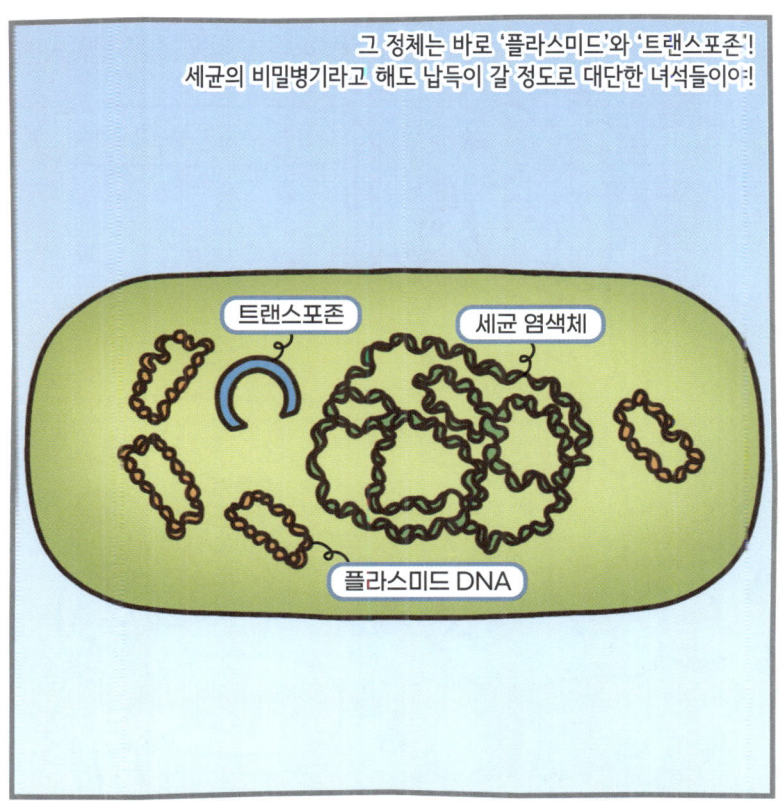

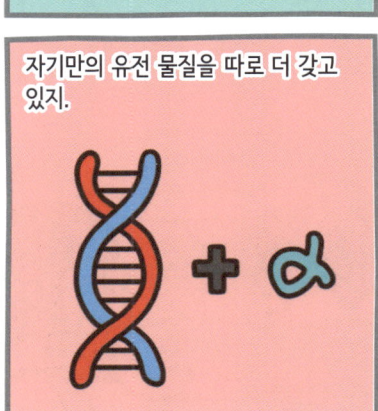

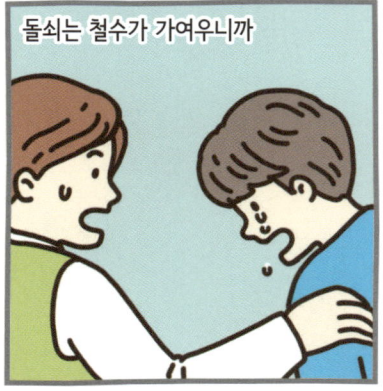

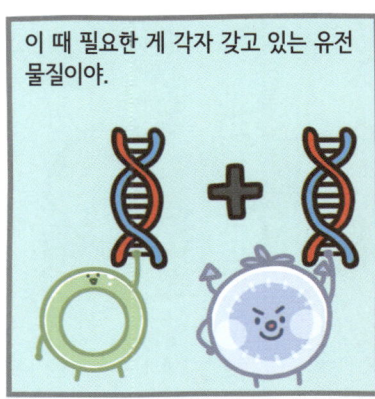

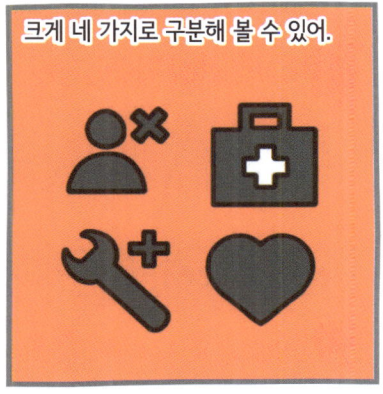

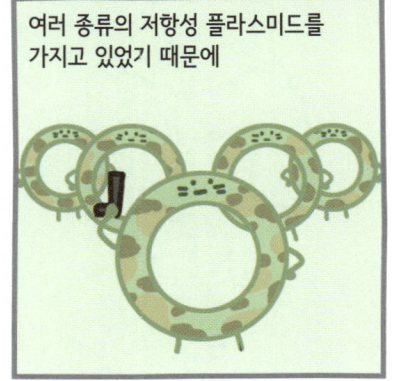

다음 플라스미드는 병원성 플라스미드야.

병원성 플라스미드는 다른 생명체에게 피해를 주는 독소를

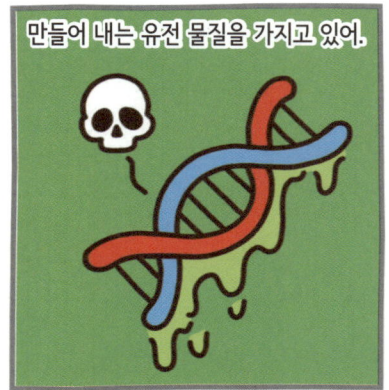
만들어 내는 유전 물질을 가지고 있어.

세균은 독소의 세기와

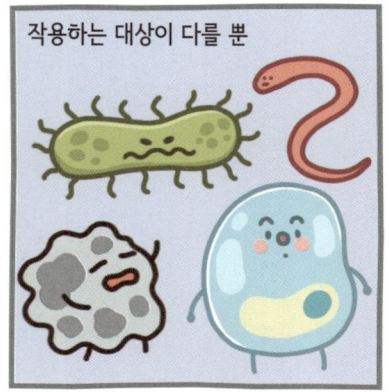
작용하는 대상이 다를 뿐

모두 독소를 가지고 있는데,

보통은 함께 살고 있는 생명체에게는 피해를 끼치지 않아.

하지만 병원성 플라스미드를 갖게 된다면 얘기가 달라지지.

이때는 피해를 입히는 독소를 만들게 돼서 큰 병을 일으키곤 해.

예를 들어 사람의 대장에서 살아가는 대장균은 대부분 병을 일으키지 않지만,

병원성 플라스미드를 가지고 있는 대장균은 사람에게 치명적인 병을 일으킬 수 있어.

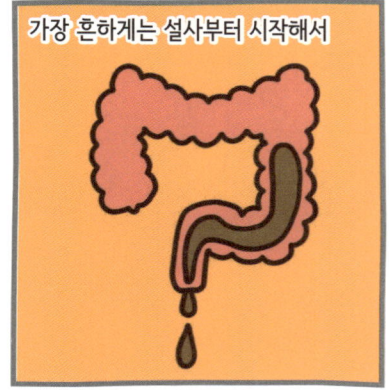
가장 흔하게는 설사부터 시작해서

오줌을 눌 때 통증을 느끼는 방광염,

고열을 동반하며 심한 두통을 일으키는 뇌수막염까지!

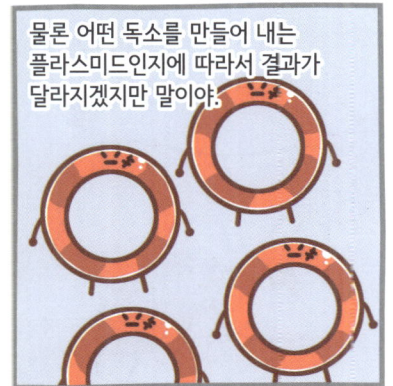
물론 어떤 독소를 만들어 내는 플라스미드인지에 따라서 결과가 달라지겠지만 말이야.

다음은 분해성 플라스미드!

이건 자연에 존재하는 물질부터 사람이 인공적으로 만들어 낸 물질까지 분해할 수 있게 만들어 줘.

가을이 되면 떨어지는 단풍잎부터

동물의 사체,

나아가서는 아까 잠깐 얘기를 했었던 플라스틱까지도 말이야.

이 역시 어떤 플라스미드를 가졌느냐에 따라 뭘 분해할 수 있는지가 달라지겠지?

이제 마지막, 생식성 플라스미드!

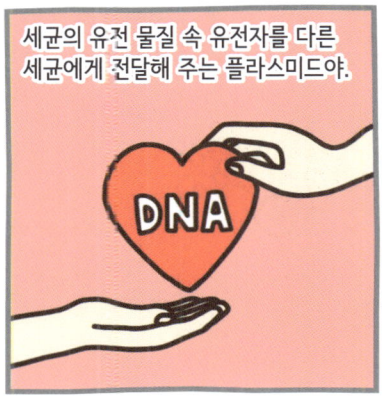
세균의 유전 물질 속 유전자를 다른 세균에게 전달해 주는 플라스미드야.

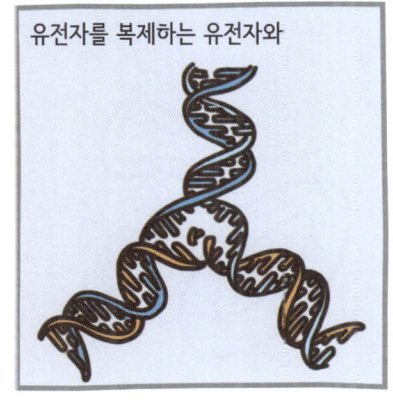
유전자를 복제하는 유전자와

세균과 세균 사이를 잇는 성섬모를 만들어 내는 유전자 등을 가지고 있어.

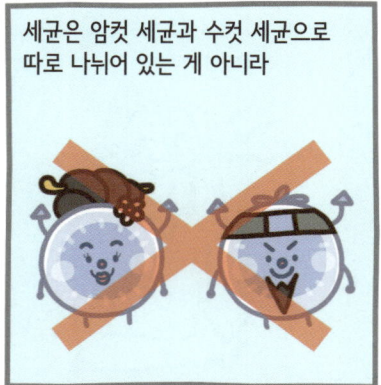
세균은 암컷 세균과 수컷 세균으로 따로 나뉘어 있는 게 아니라

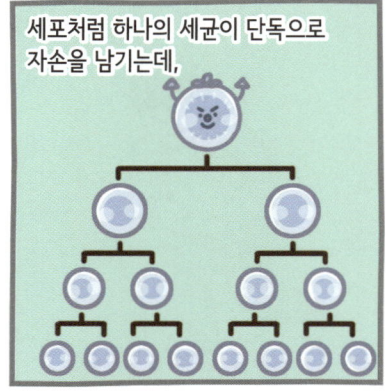
세포처럼 하나의 세균이 단독으로 자손을 남기는데,

이 경우 환경이 일정하게 유지되지 않고 변화했을 때

으아악! 갑자기 뭐야!

적응하지 못해서 전멸할 수가 있거든?

그래서 생식성 플라스미드가 세균과 세균 사이에서 유전자를 전달하며

보다 나은 세균이 될 수 있도록 도와주는 거지.

이렇게 플라스미드 네 종류를 알아봤지만, 더 많은 종류가 있다는 사실을 명심해!

한 세균에 하나의 플라스미드만 존재하는 게 아니라는 것도!

세균 하나에도 다양한 종류의 플라스미드가 존재할 수 있고,

아예 플라스미드가 존재하지 않을 수도 있어.

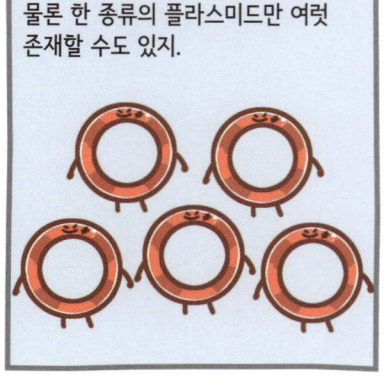
물론 한 종류의 플라스미드만 여럿 존재할 수도 있지.

9장. 비밀병기, 플라스미드와 트랜스도존!

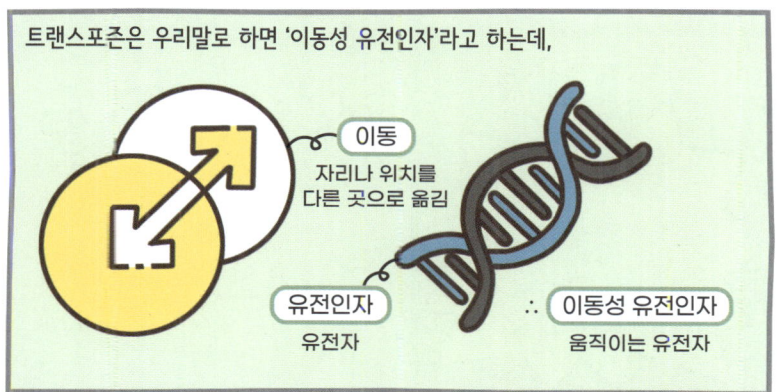
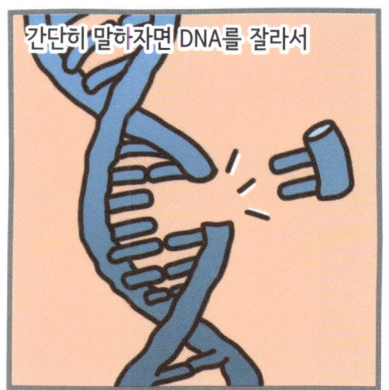
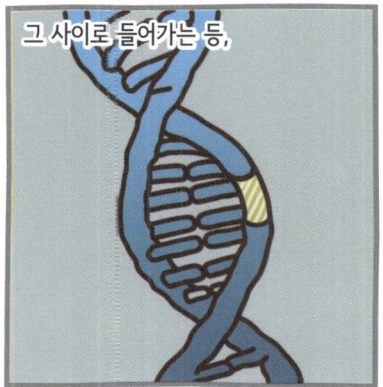

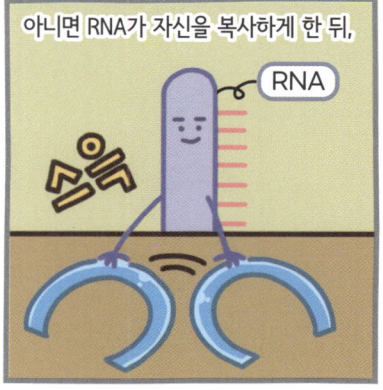
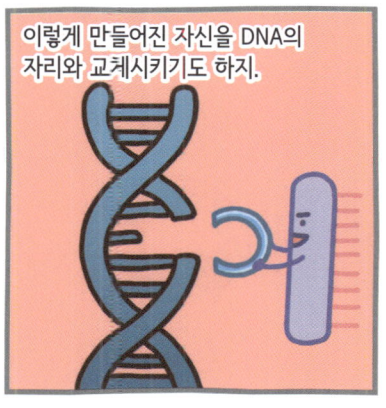
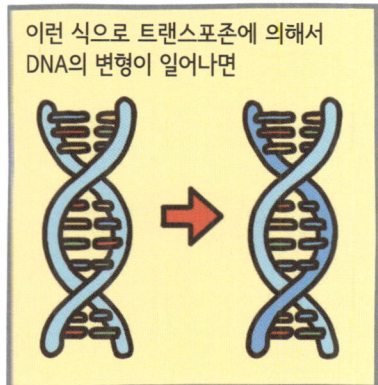

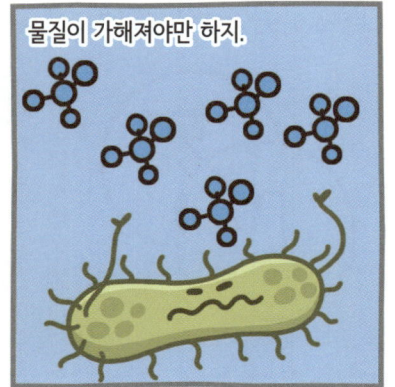
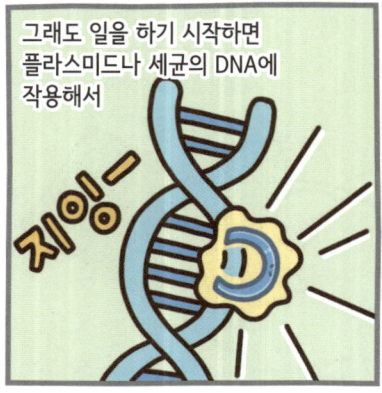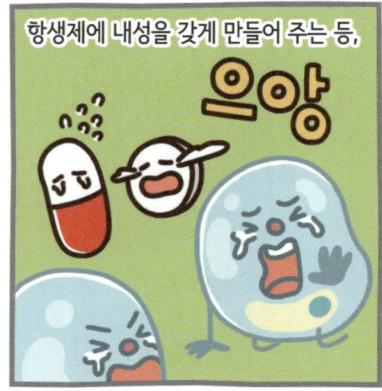
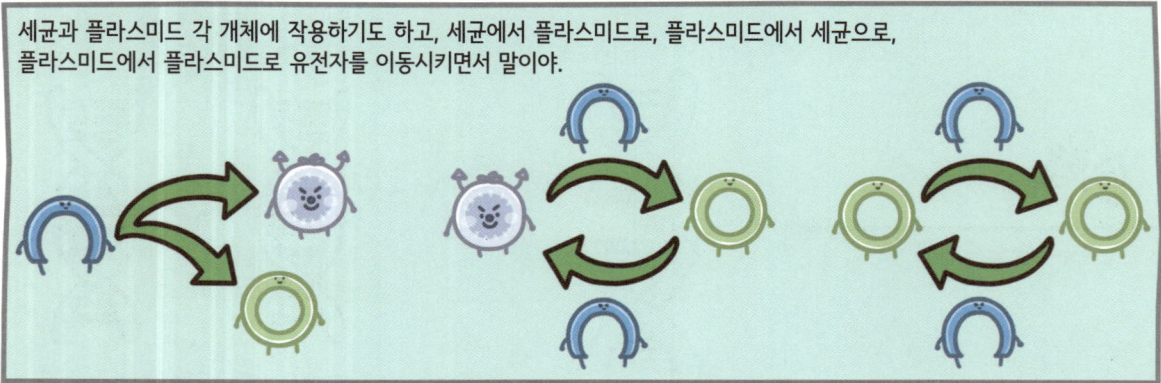

 **9장. 비밀병기, 플라스미드와 트랜스포존!**
Short Interview | 철수 편

인터뷰어 눈이 철수 님, 세균 님을 초대했습니다.

철수 씨, 여자친구와는 어떻게 지내시나요?

철수 씨?

 철수: 그게요...

 철수: 헤어졌습니다...

뭐라고요? 헤어졌다뇨?

 철수: 사귀기만 하면 뭐든 좋을 줄 알았는데요. 그렇지가 않더라고요... 사귄다는 건 일종의 출발점이었던 거예요, 저는 그걸 몰랐고요.

그거야 당연한 거죠!

 철수: 돌쇠가 알려 준 방법은 사귀는 방법뿐이었다고요! 사귄 다음에 어떻게 해야 하는지는 알려 주지 않았단 말이에요!

 세균: 음, 우리도 저런 일이 종종 있지.

 세균: 예를 들어 항생제 하나를 이겨 냈다고 해서 마냥 기뻐할 수는 없어. 인간 녀석들은 곧바로 다른 항생제를 투입시켜 버리니까.

10장. 세균의 씨앗, 포자!

수박이나 당근, 피망

옥수수, 보리, 벼 같은 식물들은

자손을 남기는 특별한 방법이 있지.

걔네들은 세균이나 세포처럼 분열해서 늘어나지 못하니까 말이야.

그랬으면 얼마나 좋았을까... 잔뜩 먹을 수 있을 텐데...

식탐만 많아가지곤!

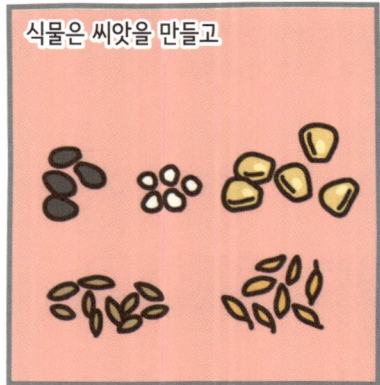
식물은 씨앗을 만들고

여러 방법으로 땅에 심어져 자라게 하는데,

세균도 씨앗과 비슷한 걸 만들곤 해.

토닥 토닥

그 이름은 '포자'.

물론 포자의 성질은 그 둘과 무척 다르지만 말이야. 마치 물과 불처럼!

쿠구궁

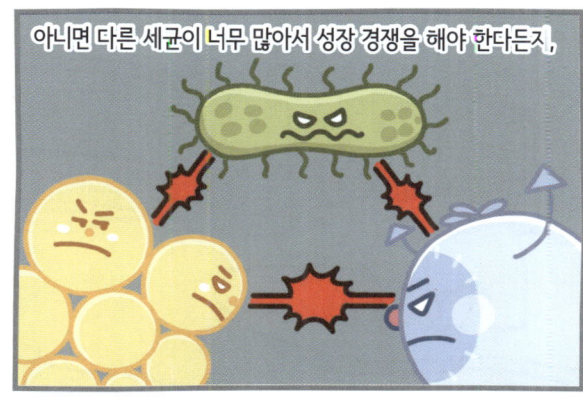
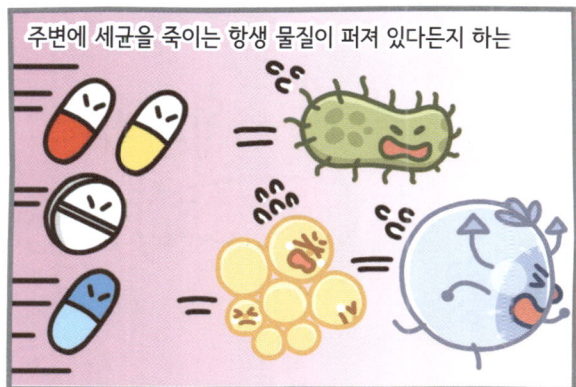

이렇게 만들어진 포자는 굉장히 튼튼해.

고온,

건조,

동결,

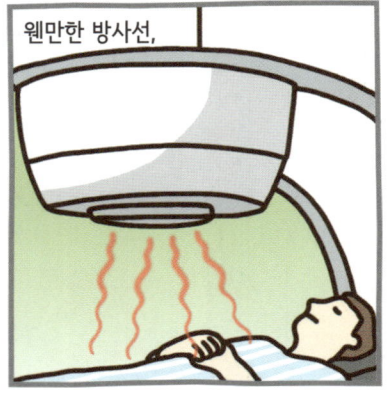
웬만한 방사선,

약품 따위를 사용해도 파괴되지 않을 정도로!

포자를 파괴하려면 포자가 붙어 있는 물체를

완전히 불태워 숯덩이 혹은 재로 만들거나

134℃를 넘는 뜨거운 바람을 이용해서

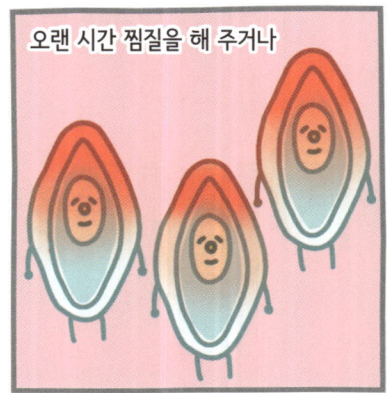
오랜 시간 찜질을 해 주거나

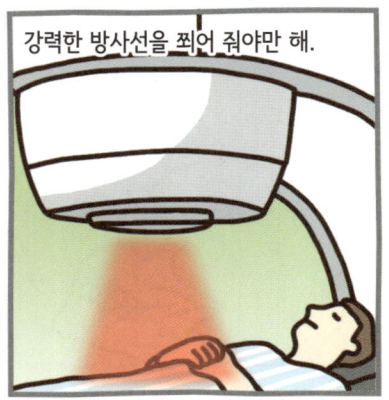
강력한 방사선을 쬐어 줘야만 해.

즉, 일반적인 자연 상태에서는 절대 파괴되지 않는다는 얘기지.

10장. 세균의 씨앗, 아포!

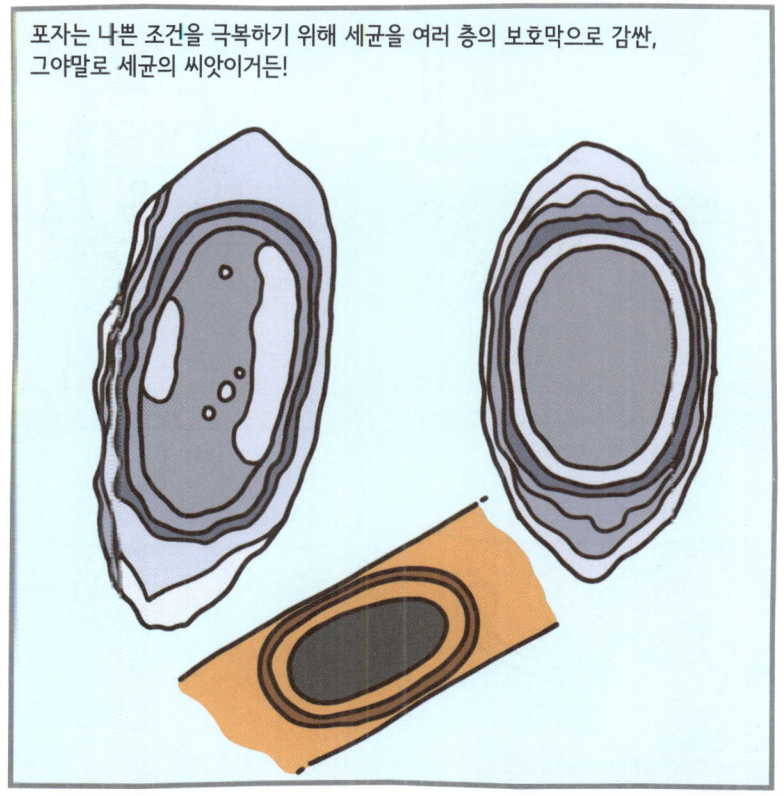

포자는 나쁜 조건을 극복하기 위해 세균을 여러 층의 보호막으로 감싼, 그야말로 세균의 씨앗이거든!

그래서 포자는 적당한 수분과 영양분이 제공되는 유리한 환경을 찾기 전까지

절대 깨어나지 않아.

그런 환경을 찾지 못한다고 해도 말이야.

뭐, 그렇다곤 해도 포자는 보통 수십 년의 세월을 견딜 수 있어서 그런 일은 드물어.

Long Long Time

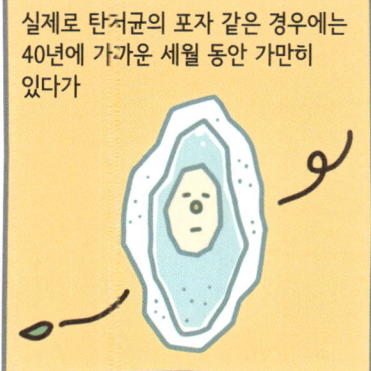

실제로 탄저균의 포자 같은 경우에는 40년에 가까운 세월 동안 가만히 있다가

조건이 맞춰지면 돌연 활동을 시작하고 그러거든.

번 쩍

세균의 모양

세균은 세포보다도 작아서 잘 구분이 가지 않아. 하지만 현미경으로 확대해서 세균의 모습을 잘 관찰해 보면, 공통된 모양을 발견할 수 있어. 그래서 세균을 구분할 때에는 기본적으로 모양을 가지고 구분하는 편이야.

크게 여섯 종류의 모양이 있구나...

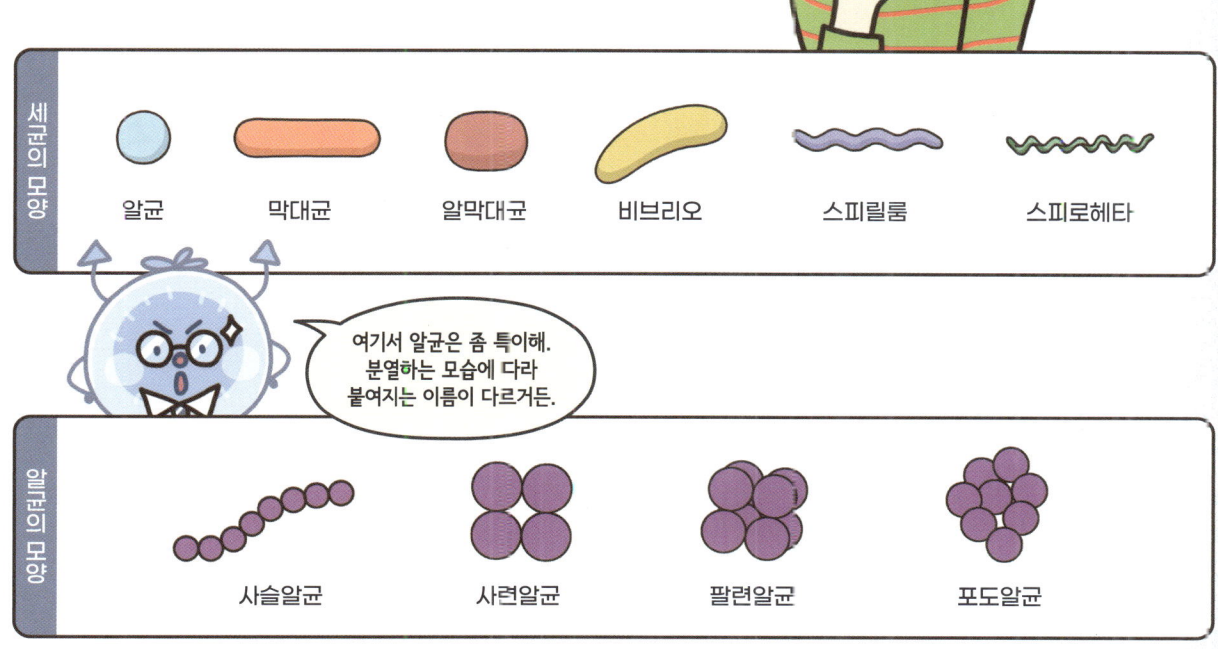

세포벽

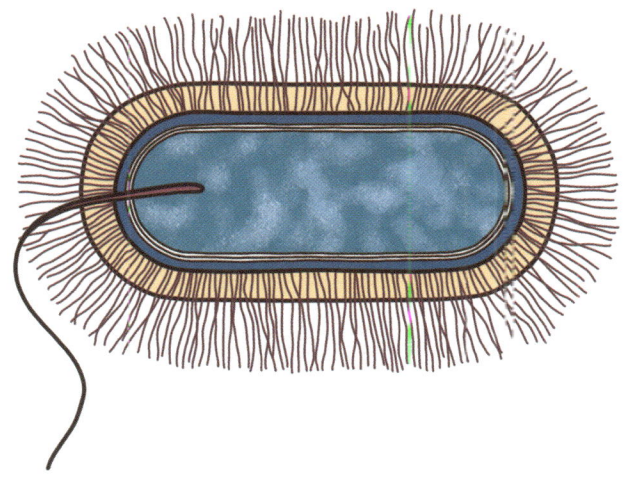

세포벽은 세균의 가장 바깥쪽에 있는 벽이야. 무슨 역할을 하냐고? 세균의 형태를 유지해 주면서 생존할 수 있게 해 주지. 보통 세균이 사는 환경은 세포벽 바깥쪽의 농도가 낮고, 안쪽은 농도가 높아. 그럼 농도의 차이로 인해 물을 계속 빨아들이게 돼. 제어가 안 되면 펑! 하고 터져서 죽을 수밖에 없어. 세포벽은 세균이 이러한 농도의 차이를 극복할 수 있게 도와주는 든든한 벽인 거야. 그렇기 때문에 세균의 형태를 유지하게 하는 역할도 할 수 있는 거지.

세포질막

세포질막은 세포벽 안쪽에 있는 세포질을 보호하는 막이야. 세포의 세포막과 거의 비슷해. 하지만 세균의 세포질막은 하는 일이 굉장히 많아. 먼저 에너지를 생산해 줘. 세포의 미토콘드리아와 같은 역할을 해 주는 거야. 때로는 독소를 생산하기도 하고, DNA나 세포벽, 세포막을 만들 때 필요한 물질을 저장하는 창고 역할도 해 주지. 또 어떠한 화학 성분을 감지하는 일도 해. 세포질막에는 여러 단백질이 붙어 있는데, 그중 한 단백질이 바깥쪽에서 오는 화학 자극 따위를 느낄 수 있거든. 이걸 '화학주성'이라고 해.

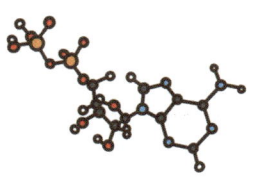  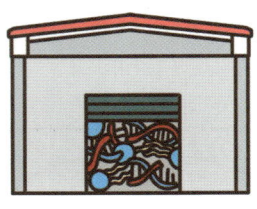 

에너지 생산   독소 생산   재료 창고   화학 성분 감지

협막

세포벽 바깥으로 생성되는 협막은 세균에게 있어 갑옷과 같아.
세균이 면역 세포의 포식 작용에 저항할 수 있도록 만들어 주거든.
보통 바깥의 물질의 농도가 높고, 온도가 37°C일 때 생산돼.
하지만 조건을 만족했다고 해서 반드시 만들어지는 건 아니야.
조건을 만족하지 못 했다고 해서 만들어지지 않는 것도 아니지.
세균의 종류와 상관없이 있기도 하고, 없기도 해.
대표적인 예는 폐렴사슬알균이야. 폐렴사슬알균은 협막이 있으면
병원성을 띠며 폐렴을 일으키곤 하지만, 협막이 없으면
우리 몸에 아무런 해를 끼치지 못해.

세균이 탐식 작용에 저항하고, 건조한 환경에서도 견딜 수 있게 만들어 주는 세균의 갑옷

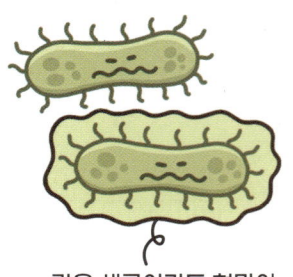

같은 세균이라도 협막이 있을 수도 있고, 없을 수도 있다.

편모, 섬모

세포벽 바깥으로는 편모와 섬모가 있어. 편모는 에너지를 사용하는 운동기관이야. 반시계 방향이나 시계 방향으로 회전하며 세균이 움직일 수 있게 해 줘. 동시에 감각을 느끼는 역할도 하지. 보통 편모의 수가 많으면 많을수록 더 빨리 이동하고, 더 넓은 범위를 감지해.

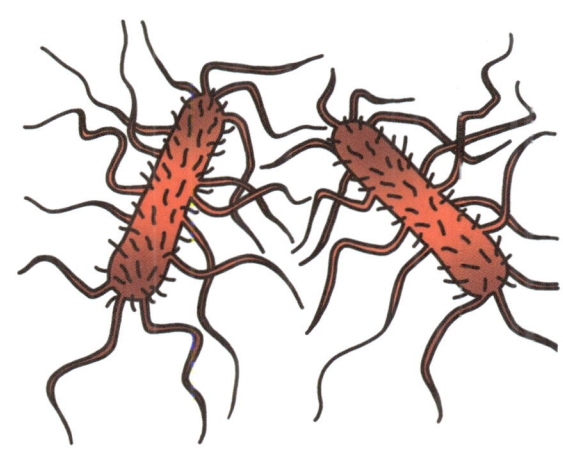

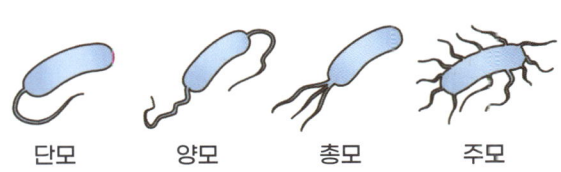

단모 / 양모 / 총모 / 주모

섬모는 이동에 쓰이기도 하지만, 주로 부착에 관여하는 기관이야. 세균이 우리 몸에 들어와서 감염을 일으키려면 일단 어떠한 세포에 붙어야 하는데, 섬모가 세포를 붙드는 역할을 해 줘.

또 섬모 중에는 성섬모라는 특수한 녀석도 있어. 성섬모는 세균과 세균 사이에서 유전 정보를 주고받는 역할을 해 주지.

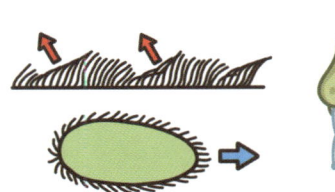 

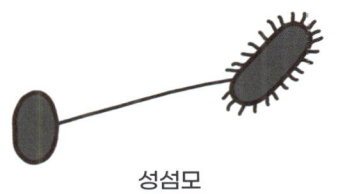

성섬모

플라스미드, 트랜스포존

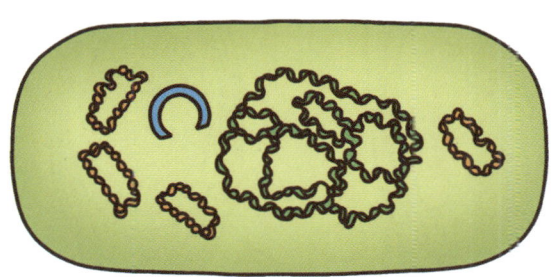

세균에는 자신이 가지고 있는 유전 물질 말고도 독자적으로 증식이 가능한 유전 물질이 있어. 바로 플라스미드와 트랜스포존이야. 각각 다양한 종류가 있고 기능이 달라. 하지만 둘의 역할은 비슷해. 세균이 가진 유전 물질만으로 불가능한 일을 가능하게 만들어 주는 거지.

저항성 플라스미드
항생제나 성장을 억제하는 물질을 세균이 이겨 낼 수 있도록 만들어 준다.

병원성 플라스미드
다른 생명체에게 피해를 주는 독소를 만들어 낸다.

분해성 플라스미드
어떠한 물질을 분해하는 성분을 분비하게 한다.

생식성 플라스미드
성섬모를 만들어 내는 유전자 등을 가지고 있다.

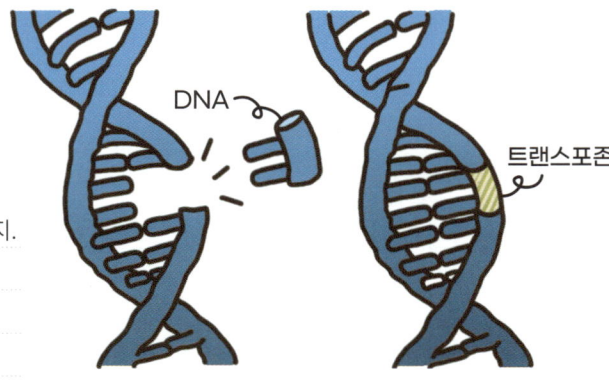

트랜스포존은 우리말로 '이동성 유전인자'라고 하지.
간단히 말해 움직이는 유전자야. 세균이나
플라스미드의 유전 물질에 끼어들어가,
형질을 변화시키거나 병을 유발하기도 하지.

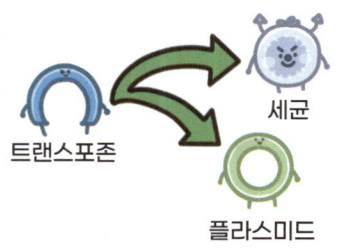

포자

버섯도 포자를 쓰지. 식물의 홀씨도 포자의 일종이야.
그래도 식물이나 버섯은 증식을 위해서 만들지만, 세균은
그렇지 않다는 게 차이점이지. 세균의 포자는 환경에
저항하기 위해서 만들어져. 영양 물질이 부족하다든지,
주위가 너무 건조하다든지 하는 불우한 환경에서 말이야.
이럴 때 세균은 분열을 하는 것처럼 나뉘어지다가 한쪽은
버려지고, 나머지 한쪽은 포자가 돼. 이렇게 만들어진
포자는 고온, 건조, 동결, 방사선, 약품과 같은 여러
악조건을 견뎌낼 수 있을 만큼. 굉장히
튼튼해져. 여러 층의 보호막으로 감싸져
있기 때문이야. 포자는 모든 세균이
다 만드는 건 아니고, 만드는 세균이
정해져 있어. 고초균, 파상풍균 등등 보통
막대균에 속하는 세균들이지.

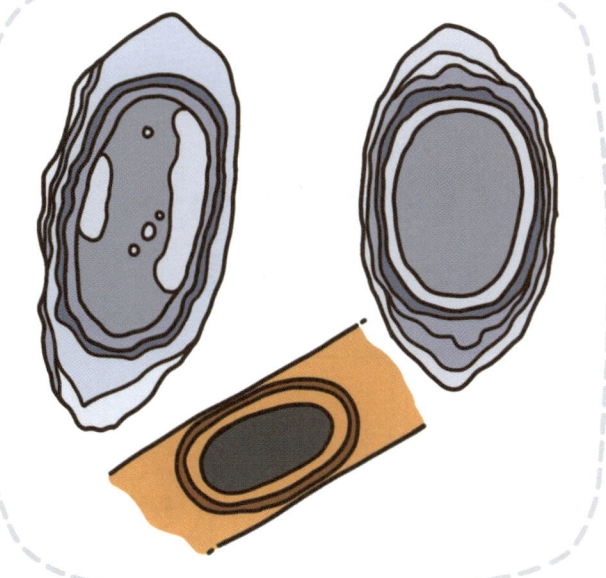

포자가 붙은 물체

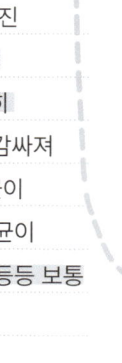
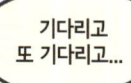
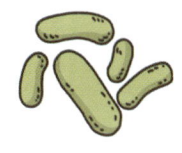

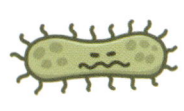
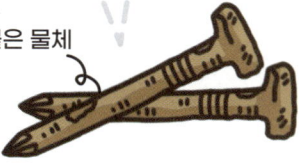

11장. 사람과 서로 도와요, 정상균무리!

아프리카의 사파리에는

코끼리, 코뿔소, 얼룩말, 사자 이런 동물들이 살고,

남아메리카의 아마존에는

황소 상어, 보투, 피라냐, 전기 뱀장어, 독화살 개구리 이런 동물들이 살고 있지.

이렇듯 특정 지역에서 어떤 동물이 살고 있는지를 나타내는 단어를 '동물상'이라고 해.
갈라파고스 섬
갈라파고스 거북이

식물은 '식물상'이라고 하고 말이야.
전라남도 담양
대나무

세균도 특정 지역이나

생물에게 정착하여 살아가는 모습을 발견할 수 있는데,

세균상이라고 하지는 않고 '균무리'라는 말을 써.
세균이 무리를 지었으니까 균무리라니. 이름 너무 막 짓는다...

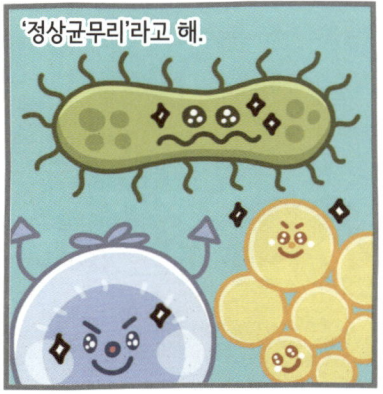

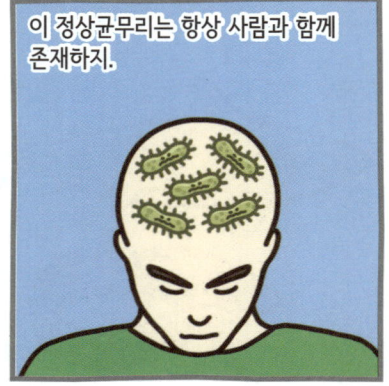

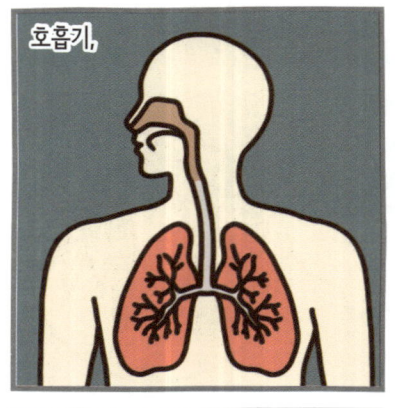
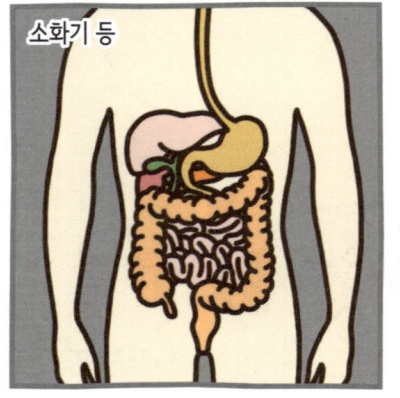

11장. 사람과 서로 도와요, 정상균무리!

정상균무리는 우리 몸에서 정말 유용한 역할을 해 줘.

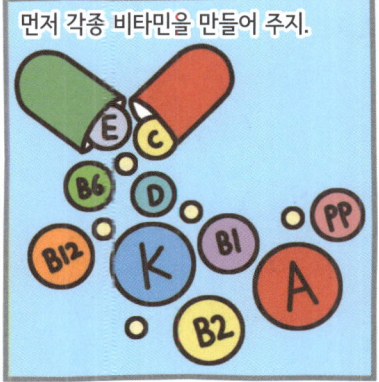
먼저 각종 비타민을 만들어 주지.

비타민은 생물이 건강을 유지하고

성장할 때 꼭 필요한 물질을 말하는데,

사람의 몸은 대부분의 비타민을 만들어 내지 못해.
비타민이 뭐야?

하지만 정상균무리 가운데 비타민을 만들 수 있는 세균이 있기 때문에 걱정 해결!
이게 비타민이야.

물론 정상균무리가 모든 비타민을 만들어 주는 건 아니라서

반드시 음식을 통해 다른 비타민을 섭취해야 하지만 말이야.

또, 정상균무리는 담즙산이 우리 몸에 흡수되는 걸 도와주기도 해.

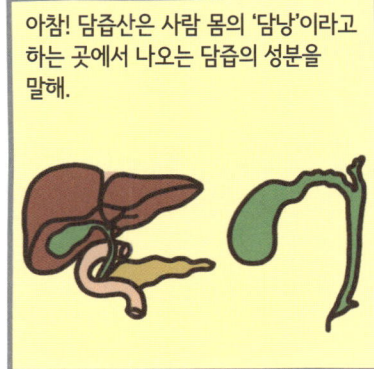
아참! 담즙산은 사람 몸의 '담낭'이라고 하는 곳에서 나오는 담즙의 성분을 말해.

지방, 단백질의 분해와

지방의 흡수에 관여하지.

담즙산의 문제는 사용된 후 버려지지 않고

다시 장에 흡수되어야 한다는 거야.

정상균무리는 이 과정에 참여해서

담즙산을 흡수하기 좋게끔 만들어 줘.

여기에 더해 정상균무리는 장의 세포 구조를 정상적으로 유지하는 일도 해.

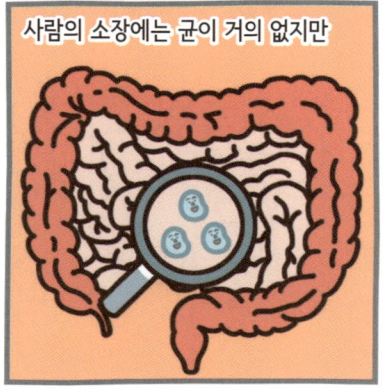
사람의 소장에는 균이 거의 없지만

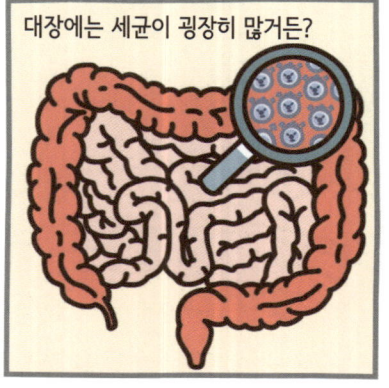
대장에는 세균이 굉장히 많거든?

근데 항균제를 과다 사용하거나

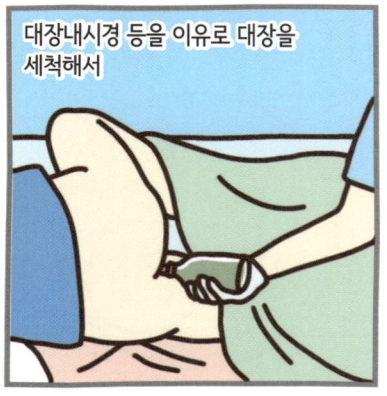
대장내시경 등을 이유로 대장을 세척해서

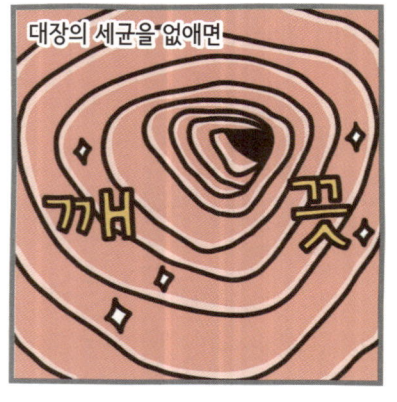
대장의 세균을 없애면

대장의 점막 세포가 정상적으로 유지되지 않고

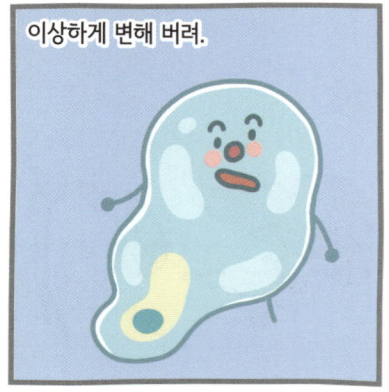
이상하게 변해 버려.

11장. 사람과 서로 도와요, 정상균무리!

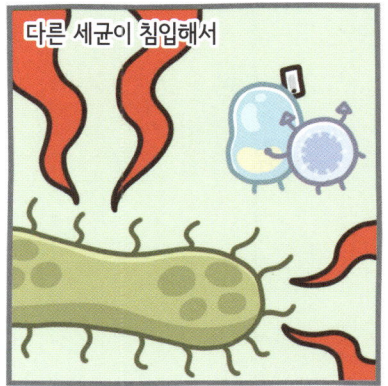

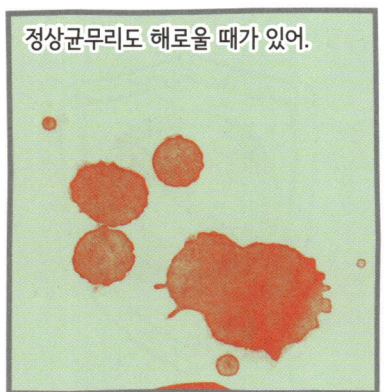

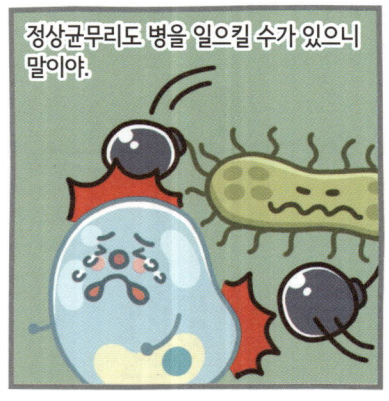

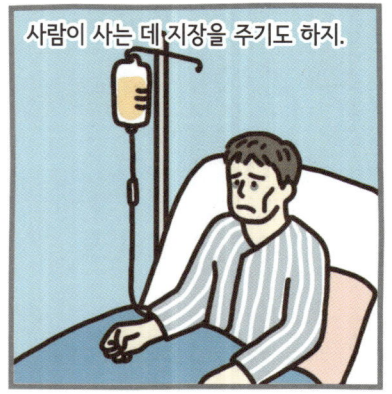

11장. 사람과 서로 도와요, 정상균무리!
Short Interview | 비즈니스 편

> 인터뷰어 님이 세균 님, 세포 님을 초대했습니다.

세포와는 정말 비즈니스 관계인가요?

 세균
물어 뭘 해요? 비즈니스 관계지.

 세균

생각해 봐요. 사람의 몸에서 살면 먹을 건 늘 풍족하죠.
우리가 구하지 않아도 사람이 알아서 구해 오니까. 안 그래요?

 세균
그럼 우리는 그걸 가지고 증식하면서 물질 만들어서 좋고,
세포는 우리가 만든 물질을 이용해서 좋고.

 세균
이러니 면역 세포들이 우리를 때려잡지 않는 거 아니겠냐고요.

흠... 일리가 있군요...

 세포

난... 그래도 가족이라고 생각해... 이러쿵저러쿵해도 우리는 함께 살고 있으니까...

헹! 네 맘대로 생각해라!

12장. 쉬운 일이 아니야! 세균 감염!

감염은 총 다섯 단계로 이뤄져.

① 침입
② 부착
③ 집락화
④ 침습
⑤ 증식

이 다섯 단계 중에 하나라도 실패하면

절대 감염은 일어나지 않아.

세균의 감염은 첩보 영화를 방불케 하는 대작전이란 말씀! 조금의 실수도 용납하지 않지.

그래서 사람의 몸에서 병을 일으키는 세균은 100종이 채 안 될 정도야.

일반적인 세균의 시선에서 사람의 몸이란 좀체 함락되지 않는 요새와도 같으니까. 그런데 뭐? 세균에 감염된 거 가지고 뭘 그러냐고? 웃기는 소리하지 말라 그래!

정상균무리

사람의 몸에는 말도 안 될 만큼 많은 세균이 살고 있어. 하지만 이 세균들은 병을 일으키지 않고, 오히려 우리 몸에 도움을 줘. 이렇게 우리 몸의 피부, 호흡기, 소화기, 생식기, 점막 등에 정착해서 살고 있는 세균들을 '정상균무리'라고 해. 물론 우리 몸이 여러 가지 이유로 면역 기능이 떨어지게 되면 정상균무리도 병을 일으킬 수 있지만 말이야. 정상균무리가 정확히 어떤 도움을 주냐고? 그야말로 다양하지.

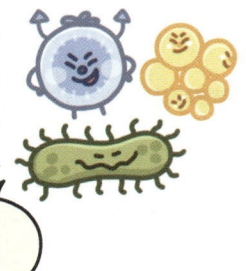

기브 앤 테이크!

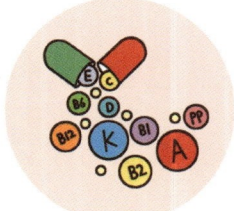

1. 비타민 합성

비타민은 우리가 사는 데 있어서 꼭 필요한 물질인데, 우리 몸에서는 만들어 낼 수 없어. 이러한 비타민을 세균들이 생산해 주지. 물론 모든 비타민을 만들어 주는 건 아니라서, 꼭 다양한 식품을 통해 각종 비타민을 섭취해 줘야 해.

2. 소화 과정 참여

세균은 우리가 음식을 소화해서 흡수하는 과정을 도와줘. 음식을 먹으면 대장에서 소장으로 들어가기 전에 담낭에서 담즙산이라는 물질이 분비돼. 담즙산은 지방의 분해와 흡수, 단백질의 분해에 관여하는데, 분비된 담즙산은 다시 장에서 재흡수되어야 해. 정상균무리는 이 과정에 관여해서 담즙산이 흡수되기 좋게 만들어 줘.

3. 장의 세포 구조 유지

장의 세포 구조를 정상적으로 유지해 줘. 소장과 달리 대장 속에는 균이 몹시 많아. 항생제, 항균제를 사용하거나 대장을 세척해서 대장의 세균을 없애면 대장의 점막 세포가 정상적으로 유지되지 않고 이상하게

4. 감염병 방어 작용

정상균무리가 자리를 차지하고 잘 살아가고 있으면, 다른 세균들이 들어와서 병을 일으키는 걸 막아 줄 수 있어. 다른 세균들이 침입하면 정상균무리는 자신들이 살기 위해 항생 물질을 내뿜거든. 그럼 다른 세균들의 성장이 억제되기 때문에 감염병을 막아주는 효과가 발생하지.

세균 감염

감염병을 일으키는 생명체를 '병원체'라고 해.
숙주와 병원체가 상호 작용을 하면 감염병이 생기지.

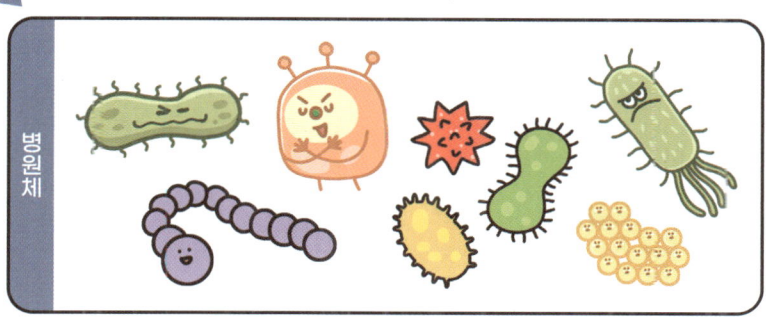

그렇다면 감염은 뭘까? 병원체가 숙주의 피부, 체액, 조직 등에 정착해서 증식하는 상태가 바로 '감염'이야.
쉽게 말하자면, 균이 우리 몸에 들어와서 살고 있어야 한다는 얘기야. 물론 여기서 균이 살고 있어야 한다는 건
우리가 생각하는 것과는 의미가 많이 달라. 세균과 같은 미생물은 우리 몸에 들어와서 수를 늘렸을 때 살아 있다고 하거든.
수를 늘리지 못하면 죽어 있다고 봐. 즉, 감염이란 우리 몸에 들어온 병원체의 수가 늘어나고 있는 상황을 말해.

우리가 생각하기로는 세균이 우리 몸에 들어오면
쉽게 감염을 일으키고, 마음껏 못된 짓도 할 것 같지만
그렇지만은 않아. 세균이 우리를 감염시키려면
다섯 단계의 과정을 거쳐야만 하거든.

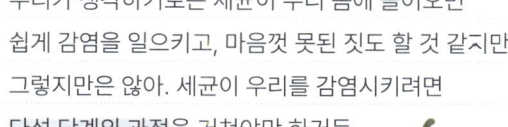
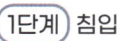 1단계 침입
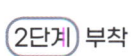 2단계 부착

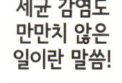
 3단계 집락화
 4단계 침습   5단계 증식

세균 감염도 만만치 않은 일이란 말씀!

13장. 지금 만나러 갑니다, 세균 침입!

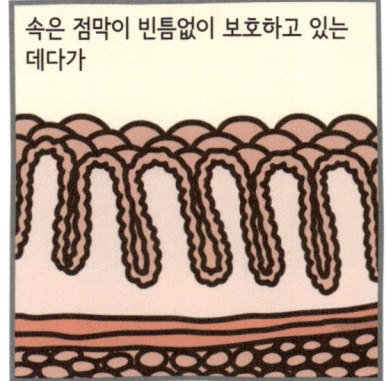

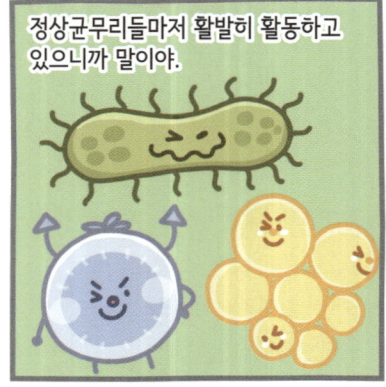

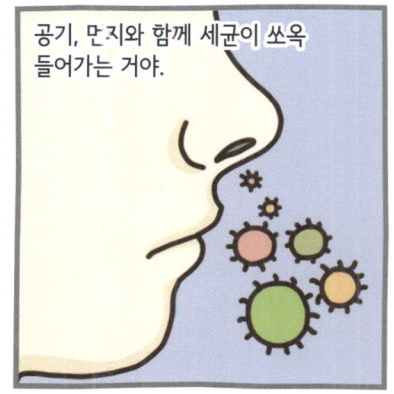
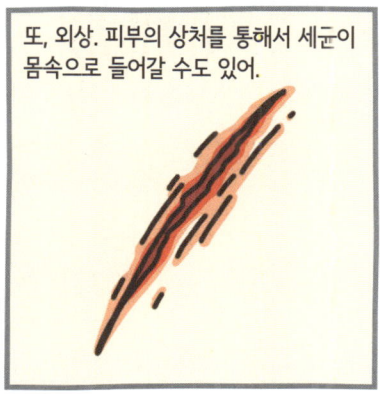
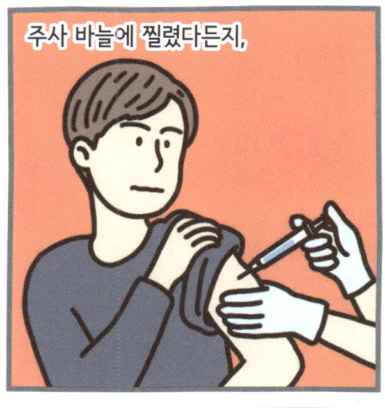

13장. 지금 만나러 갑니다, 세균 침입!

Short Interview | 세균 침입 편

 왜 집에 틀어박히셨나요?

14장. 너의 껍딱지가 되고 싶어, 부착!

힘들게 사람 몸으로 들어왔다고 해도

세균의 역경은 끝나지 않아.

세균은 반드시 어딘가에 달라붙어야만 살아갈 수 있기 때문인데,

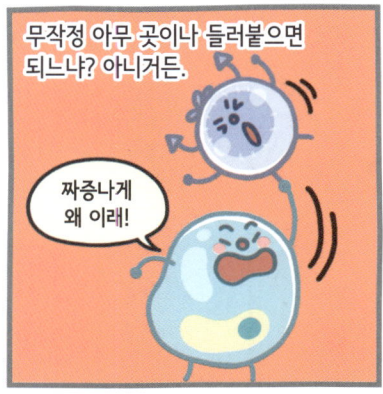
무작정 아무 곳이나 들러붙으면 되느냐? 아니거든.

세균마다 붙을 수 있는 곳이 있고, 없는 곳이 존재하지.

세균의 모양과 크기와 기능,

붙으려고 하는 표면의 형태와 거칠기,

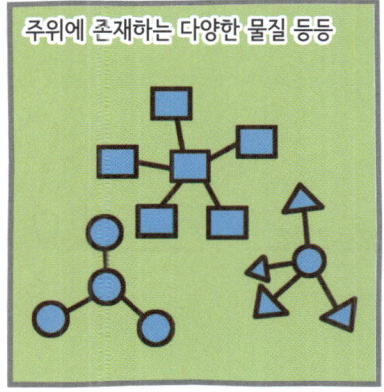
주위에 존재하는 다양한 물질 등등

여러 가지 요소가 서로 영향을 주고받는 아주 복잡한 문제가 바로 '부착'이니 말이야.

생각해 봐! 턱걸이를 아무리 잘한다고 해도

철봉 표면에 기름이 발라져 있다든지,

철봉에 뾰족뾰족 가시가 나 있다면,

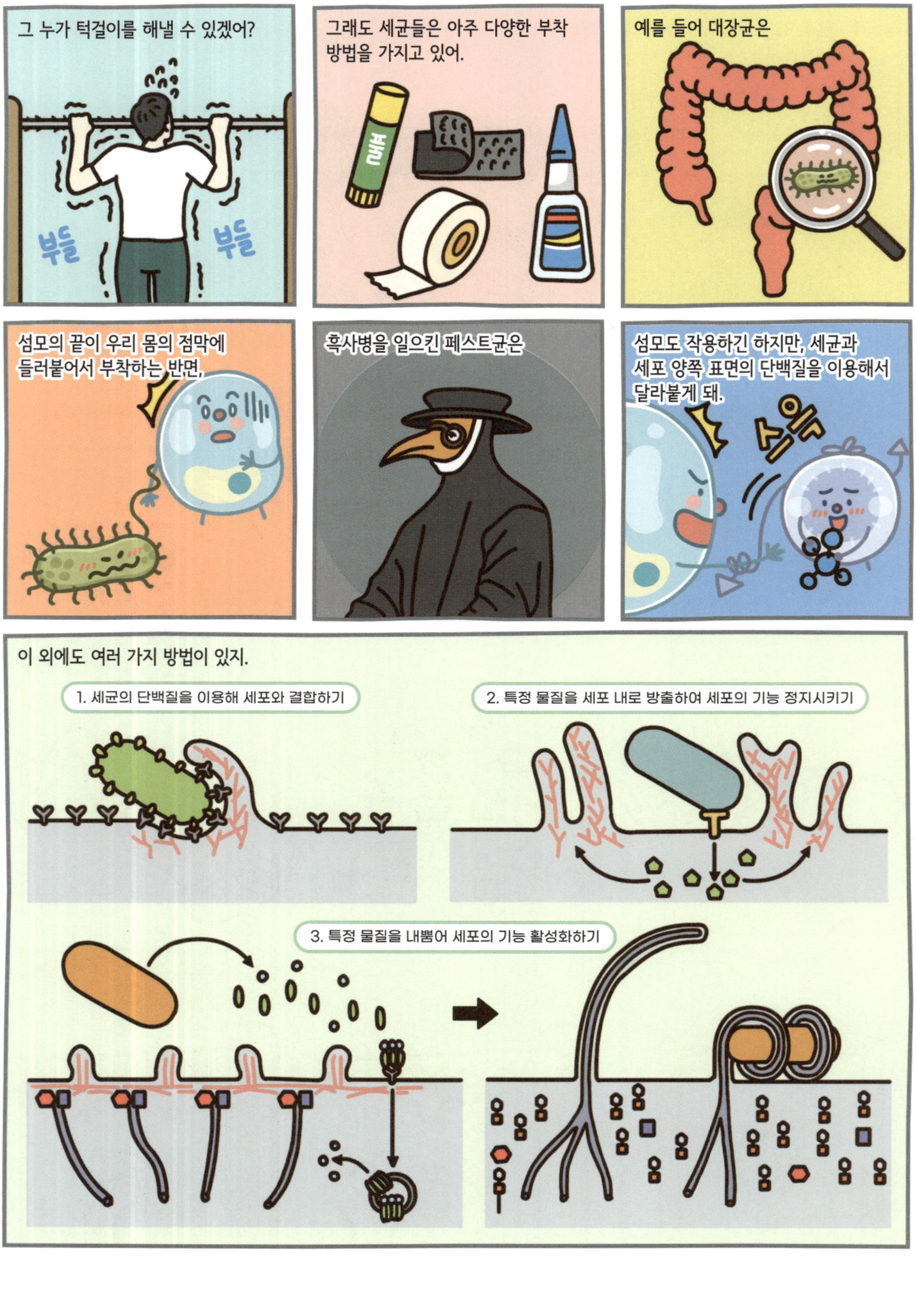

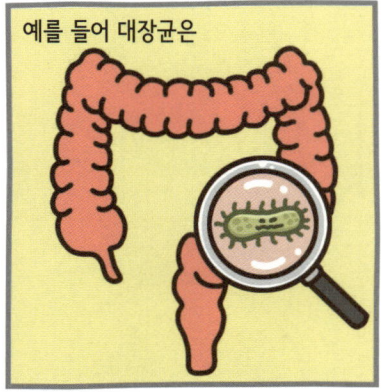

14장. 너의 껍딱지가 되고 싶어, 부착!

이렇듯 세균은 사용하는 방법에 따라 특정 세포나 조직에 두드러지게 잘 달라붙는 성질이 있어.

두 손뼉이 맞아야 소리가 난다는 속담이 있듯이 말이야!

이걸 '친화성'이라고 하는데,

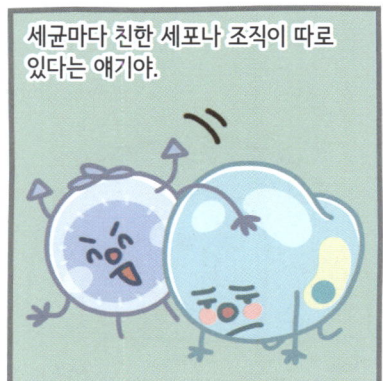

세균마다 친한 세포나 조직이 따로 있다는 얘기야.

자기가 좋아하는 쪽을 찾아가게 되는 그런 성질을 말하는 거지.

어디 있니? 세포야?

쌀밥을 좋아하는 사람이 있는가 하면, 콩밥을 좋아하는 사람이 있는 것처럼!

그래서 특정 세균이 특정 질병을 일으키는 거야.

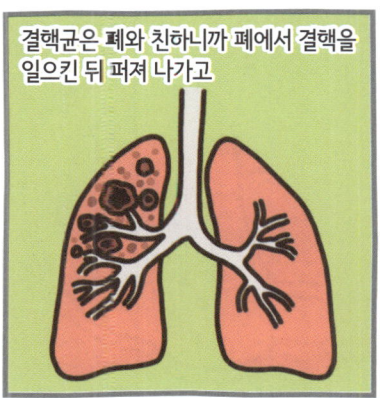

결핵균은 폐와 친하니까 폐에서 결핵을 일으킨 뒤 퍼져 나가고

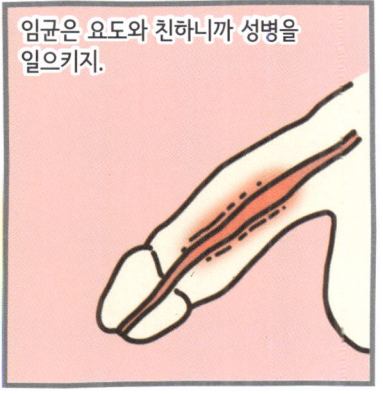

임균은 요도와 친하니까 성병을 일으키지.

다른 곳에서는 큰 문제를 일으키지 않아. 사람의 몸이라는 게 생각처럼 만만하지 않거든.

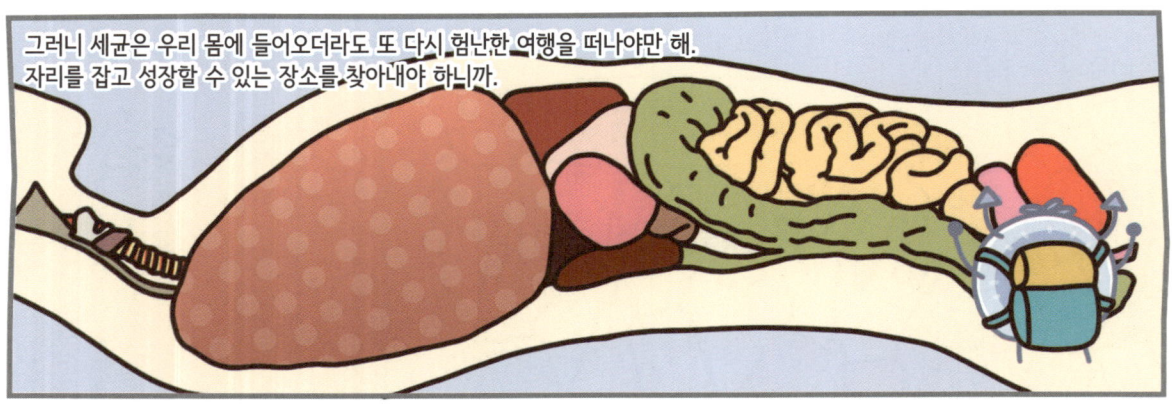

14장. 너의 껌딱지가 되고 싶어, 부착!
Short Interview | 쌀밥&콩밥 편

인터뷰어 님이 쌀밥여자 님, 콩밥남자 님을 초대했습니다.

쌀밥과 콩밥, 어떤 밥이 더 낫다고 생각하시나요?

 당연히 쌀밥이죠! 우리나라는 밥이 중요하잖아요?
밥이라고 하면 누구나 쌀밥을 떠올려요.
콩밥? 잡곡밥? 아무도 떠올리지 않아요.

게다가 콩밥은요. 감옥에서 먹는 밥이라는 인식이
뚜렷할 정도로 맛이 없다고요.

 하나만 알고 둘은 모르시네. 건강 생각은 안 하나?
콩밥은 쌀밥보다 영양가가 더 풍부해요.

즉, 음식으로서의 가치만 놓고 본다면
영양가가 더 좋은 콩밥의 승리!

 넌 혀가 없니?

 혀가 없는 건 너겠지!

15장. 새집 살림 시작했어요, 집락화!

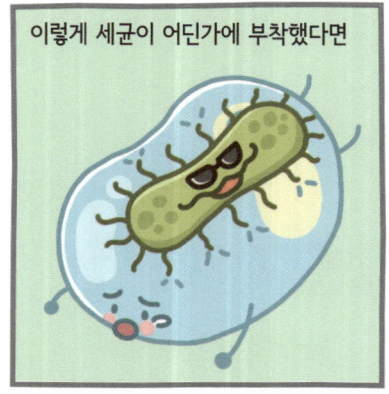
이렇게 세균이 어딘가에 부착했다면

이제는 정착해서 잘 살아가야 할 때!

세균이 영양 물질을 막 받아들이면서

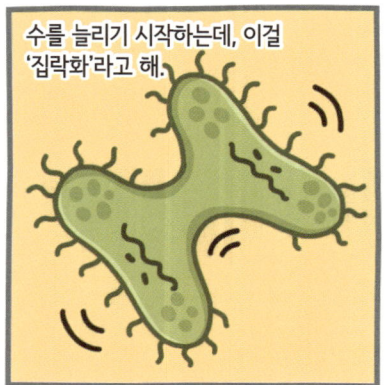
수를 늘리기 시작하는데, 이걸 '집락화'라고 해.

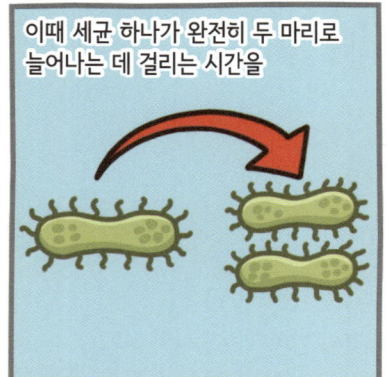
이때 세균 하나가 완전히 두 마리로 늘어나는 데 걸리는 시간을

'세대 시간'이라고 하는데,

빠르면 수십 분,
차 한 잔 하기 좋은 시간이군.

느리면 수 시간이 걸려.
어디 놀러가도 되겠는데?

뭐, 드물게는 수십 시간 이상 걸리기도 하지만 말이야.
여행을 떠나도 되겠어.

보통 빨리 늘어날수록 병도 빨리 일으키고

독소도 많이 생성하지만,

항균제를 쓰면 잘 죽는다는 특징이 있어.

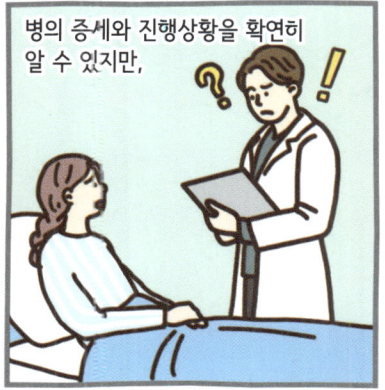

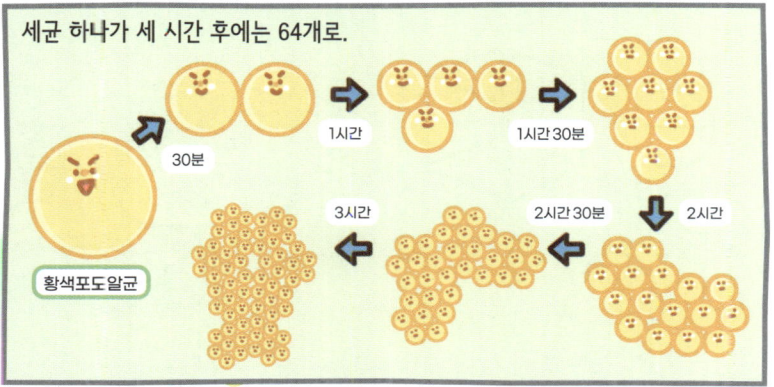

15장. 새집 살림 시작했어요, 집락화!

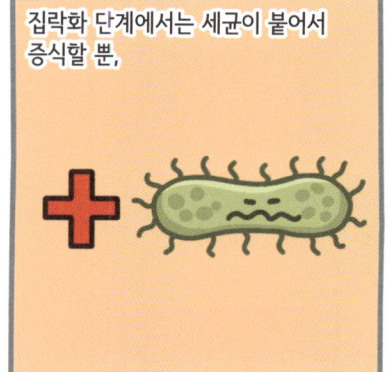
집락화 단계에서는 세균이 붙어서 증식할 뿐,

아무런 문제를 일으키지 않아.

마치 정상균무리처럼 말이야.

사실 얘기를 꺼냈던 황색포도알균도 정상인이라면 피부에 언제나 집락화를 이루고 있어.

그 외에도 다양한 세균이 사람 몸에 부착해서 집락화를 이루고 있지.

세균들이 다음 단계로 왜 넘어가지 않느냐고?

그거야 뻔한 거 아니겠어? 집락화의 다음 단계인 '침습'으로 넘어가는 건 천운이 따라 줘야 한다고 말할 정도로 쉽지가 않으니 그렇지.

하늘이시여! 제게 인간의 몸을 이겨 낼 힘을! 수단을 주십시오!

집락화를 넘어 침습하기 위해서는 세균이 성장 한계에 도달했다거나

우리의 성장은 멈췄소.

방법을 찾아야겠군요.

성장을 방해 당할 요소가 없는 유복한 환경에 놓였을 때,

우리는 축복받았어. 무한한 가능성이 펼쳐져 있다고!

혹은 모종의 이유로 사람의 면역력이 약해졌다든지,

상처, 혹은 조직의 파괴가 이뤄져야 하니까 말이야.

15장. 새집 살림 시작했어요, 집락화!
Short Interview | 세균 증식 편

인터뷰어 님이 세균 님을 초대했습니다.

보통 세대 시간은 세균끼리 얼마큼의 차이를 보이나요?

 세균마다 상당한 차이를 보이죠.

 세대 시간이 짧은 대장균의 경우에는 증식에 약 17분 정도가 걸리지만, 매독균의 경우엔 증식에 약 1980분이 걸려요. 33시간 정도.

 둘의 차이는 무려 32시간 43분!

그렇게나 차이가 난단 말이에요?

그럼요! 실제로는 더해요.

 제가 말씀 드리는 세대 시간은 각각의 세균을 위한 최고의 환경에서 증식이 이뤄지는 시간을 말한 거거든요.

 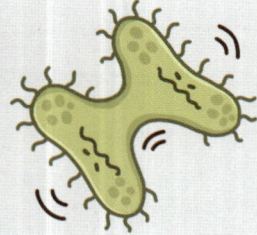

예를 들어 앞서 대장균은 증식에 17분가량 걸린다고 했지만, 실제로 대장에서 대장균이 증식하려면 12~24시간 정도가 걸리죠.

허어...

16장. 은밀하고 당당하게! 침습과 증식!

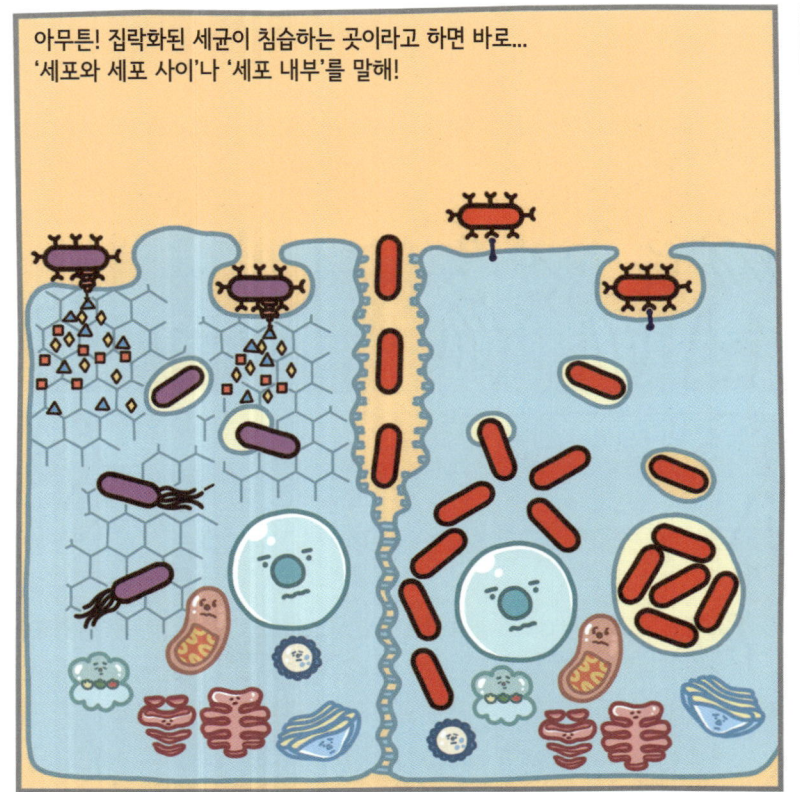

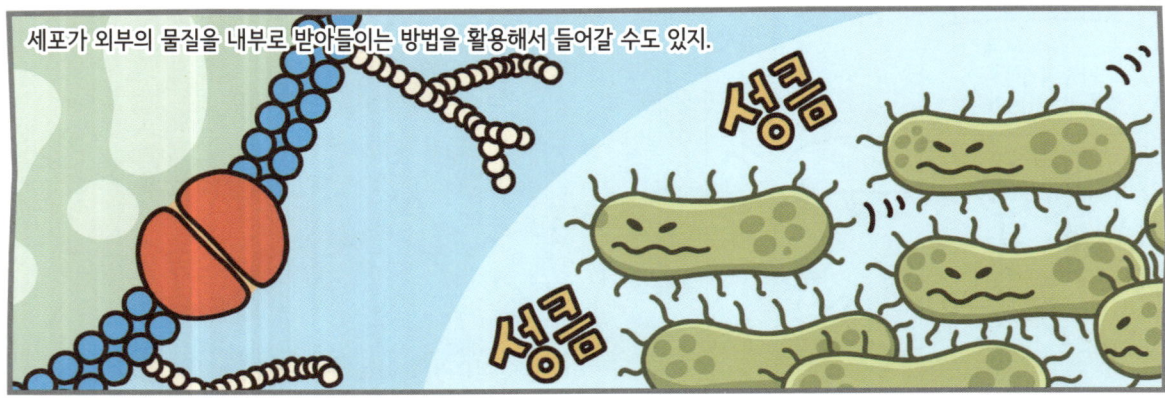

16장. 은밀하고 당당하게! 침습과 증식!

세균이 직접 세포 조직을 뚫을 때에는 독소를 자주 사용해. 우선, 세균의 일부가 독소를 품는 경우가 있고,

독소를 만들어내 세포 조직을 파괴하는 경우가 있지.

세균이 왜 세포를 파괴해야만 하냐고? 그야 당연한 거 아니야?

먹고살기 위해서지! 우리라고 특별한 악의를 품고 그러는 건 아니야.

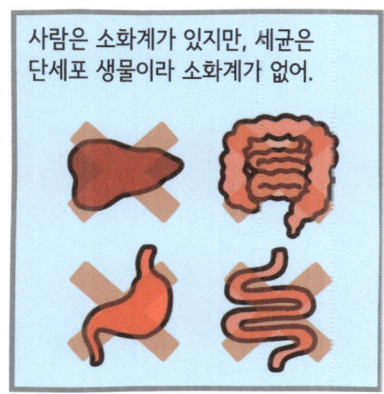
사람은 소화계가 있지만, 세균은 단세포 생물이라 소화계가 없어.

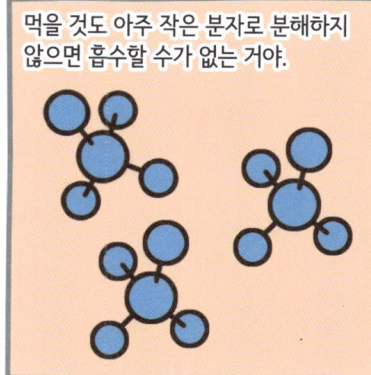
먹을 것도 아주 작은 분자로 분해하지 않으면 흡수할 수가 없는 거야.

우리가 부리는 독소는 사실 소화 물질에 가까워.

주변의 물질들을 흡수하기 좋게 녹이는 역할을 하니까.

한마디로 세균은 잘 먹고 잘 살기 위해서 물질을 내보낼 뿐인데,

우연찮게 그곳에 세포가 있어서 파괴됐을 뿐이란 얘기야.

무심코 던진 돌에 개구리 맞아 죽은 격이란 말씀!

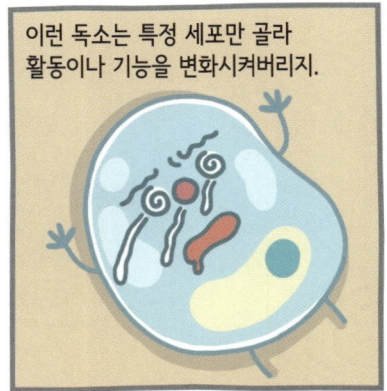

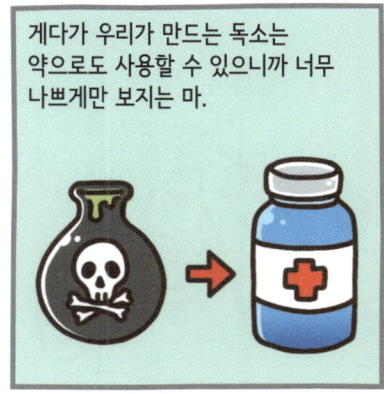

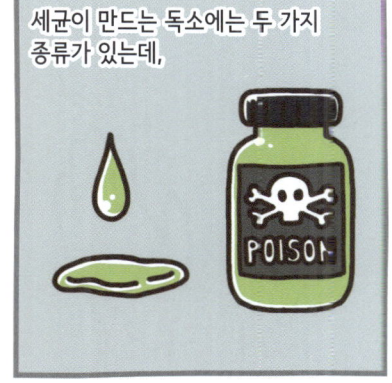
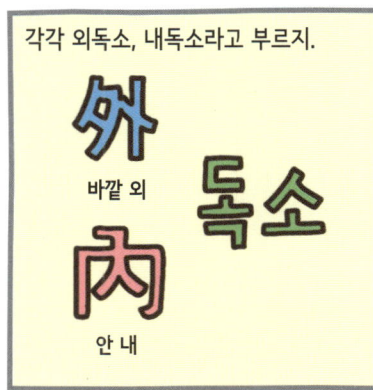

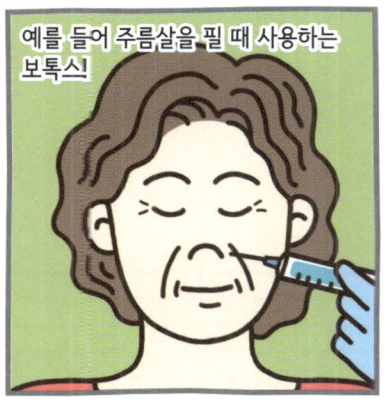
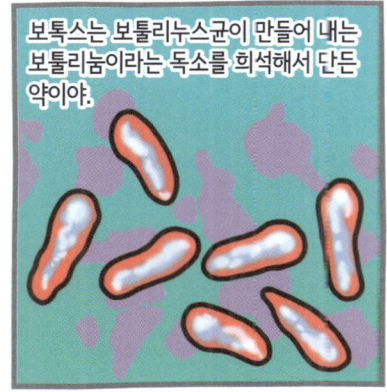
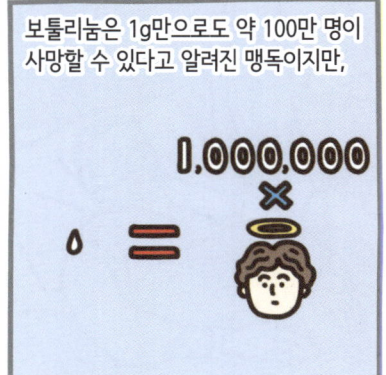
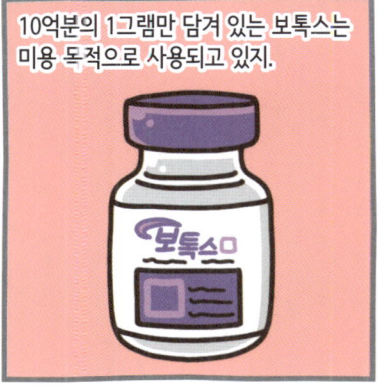

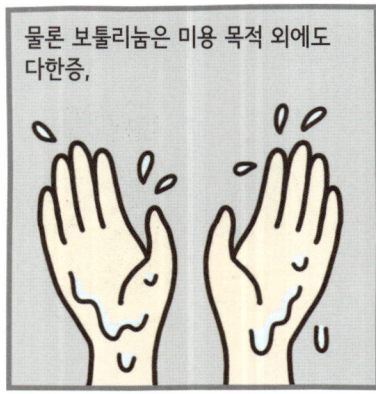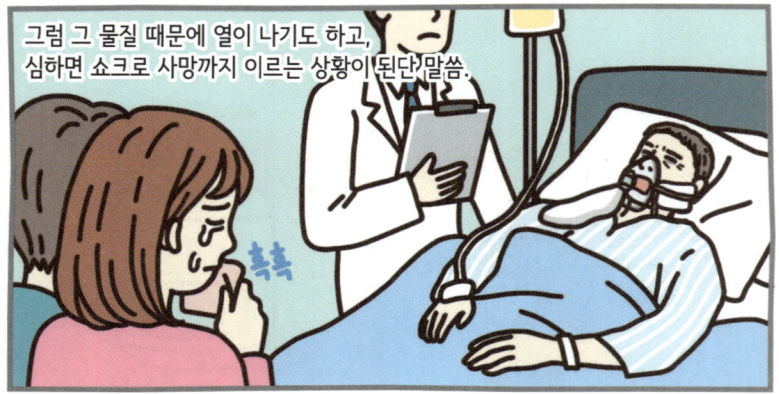

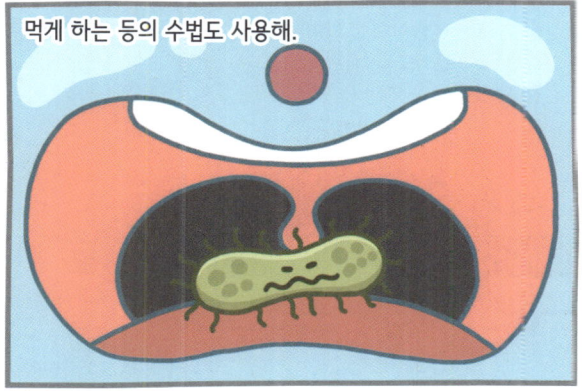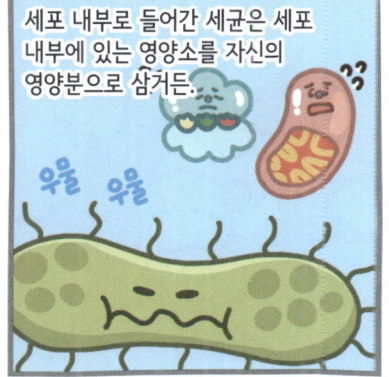

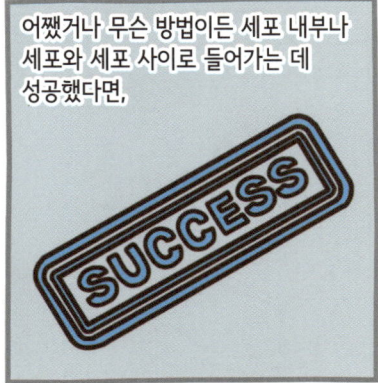
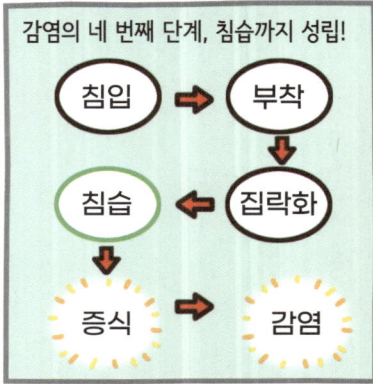

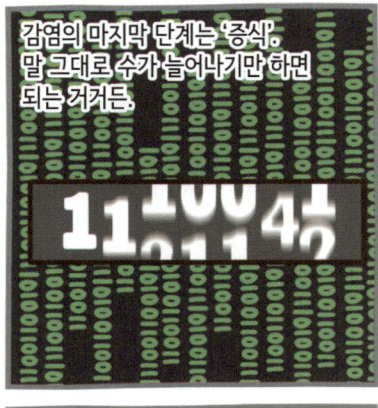

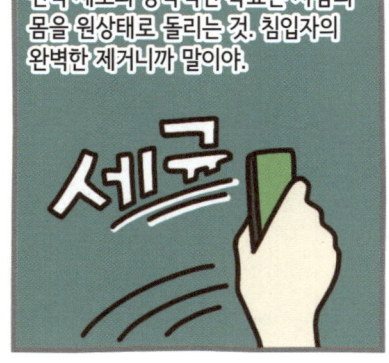

 16장. 은밀하고 위대하지! 침습과 증식!
Short Interview | 보톡스 편

> 인터부거 님이 의사 님을 초대했습니다.

> 보톡스가 사실 세균이 만든 독이라는데, 사실입니까?

 의사 음, 사실입니다.

 의사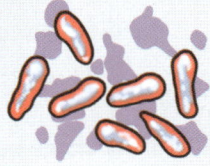

보툴리누스균이 만들어 낸 보툴리눔이라는 독소죠.

> 말도 안 돼... 그럼 저는 어제 제 얼굴에
> 세균의 독을 집어넣은 거란 말이에요?

 의사 예... 뭐 그런 셈이죠. 하지만 너무 걱정하실 필요는 없습니다.
알고 계실 테지만, 항생제인 페니실린 역시 푸른곰팡이에서
얻은 물질이랍니다. 세균의 독은 생각보다 사람에게 유익해요.

> 뭐라고요? 어떻게 그렇게 쉽게 말씀하시는 거죠?
> 전 세균이 만든 거라면 쓰고 싶지 않다고요!

 의사 어... 그러니까, 존중합니다. 그, 그럴 수도 있죠.
하지만 그렇다면 생각보다 못 드실 약이 많을 텐데...

> 됐어요, 의사 선생님은 내 맘 몰라. 제가 알아서 할게요!

17장. 감염이 실패하지 않도록, 세균의 면역 반응 회피!

세균이 몸속으로 들어와서 감염을 일으키기 위해서는 침입하고, 부착해서 집락화도 이루고, 독소도 생산했다가 침습도 해야 되고, 증식까지 가는 굉장히 복잡한 과정을 거쳐야만 했잖아?

그런 과정에서 가장 중요한 건 사실 면역 반응을 피하는 거야.

모든 단계를 잘 돌파해 낼 세균이 있더라도

면역 반응을 피하지 못하면

말짱 도루묵!

면역 세포에게 잡아먹히거나 파괴될 뿐이지.

그래서 사람 몸에서 병을 일으켰다! 하는 세균들은 모두 면역 반응을 회피할 수 있는 기능을 갖고 있다는 사실!

세균이 면역 반응을 회피하는 방법에는 여러 가지가 있지만 주요 회피 방법을 꼽자면 세 가지 정도로 나눌 수 있어. 	첫 번째는 대식 세포, 호중구 같은 포식 세포가 작용하는 것을 막는 거야. 	포식 세포가 세균을 알아보지 못하도록 할 수도 있고, 
설령 잡아먹혔다 할지라도 소화되지 않게끔 하지. 	두 번째는 항체를 무력화시키는 거야. 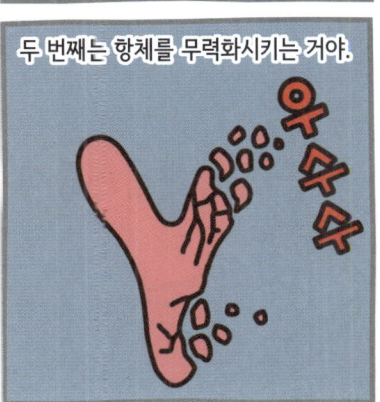	애초에 항체가 만들어지지 않도록 유도하거나, 

만들어진 항체가 몸에 들러붙더라도

항체로서 기능하지 못하도록 만들어.

마지막은 세포 내부에서 성장하면서 면역 반응으로부터 격리되는 방법이야.

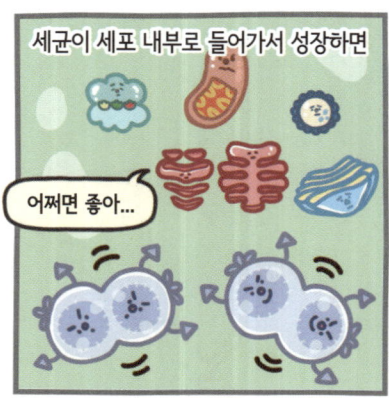
세균이 세포 내부로 들어가서 성장하면

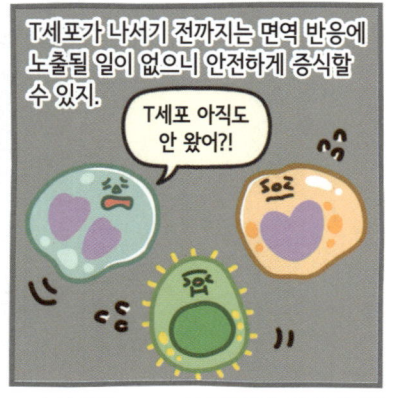
T세포가 나서기 전까지는 면역 반응에 노출될 일이 없으니 안전하게 증식할 수 있지.

황색포도알균을 가지고 예를 들어 볼까?

황색포도알균은 개체에 따라 능력이 천차만별이고,

감염 부위에 따라서 일으키는 질병의 종류도 다양하니까 좋은 예시가 될 거야.

식중독,

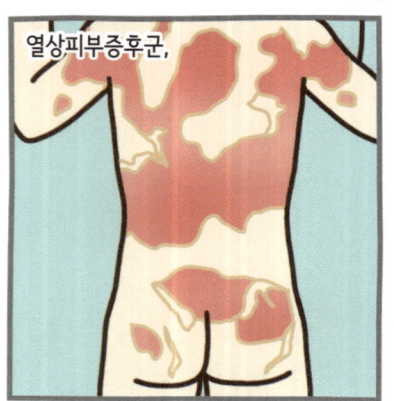
열상피부증후군,

독소충격증후군 등 황색포도알균의 독소 때문에 일어나는 병부터

옹종, 모낭염, 뾰루지, 농가진 등 황색포도알균이 피부를 감염시켜 일어나는 병,

17장. 감염이 실패하지 않도록, 세균의 면역 반응 회피!

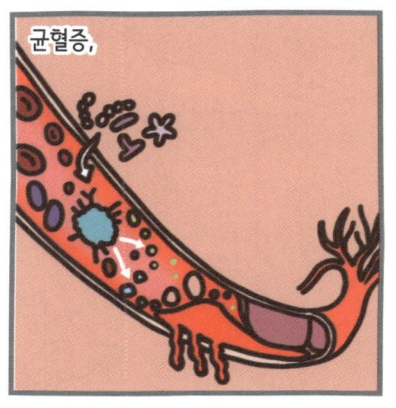
균혈증,

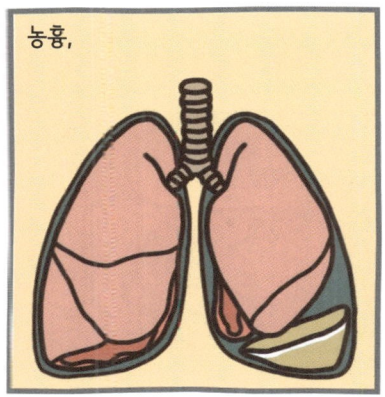
농흉,

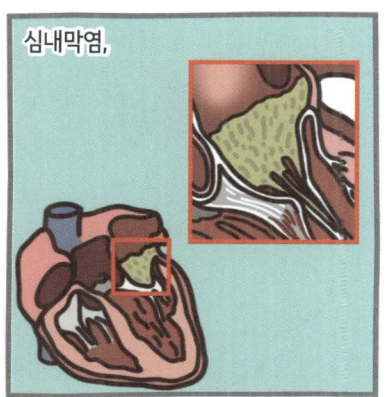
심내막염,

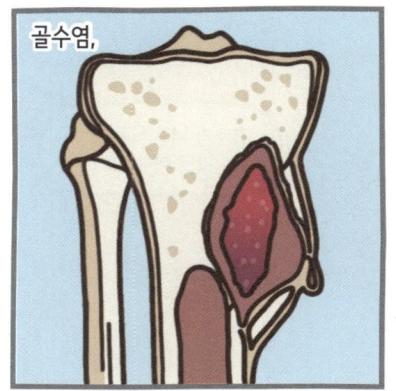
골수염,

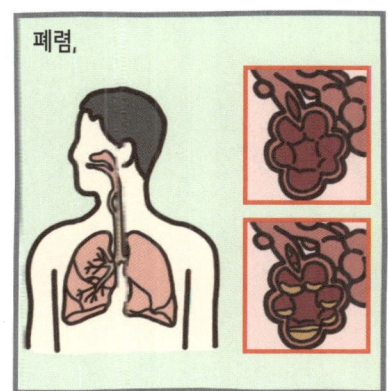
폐렴,

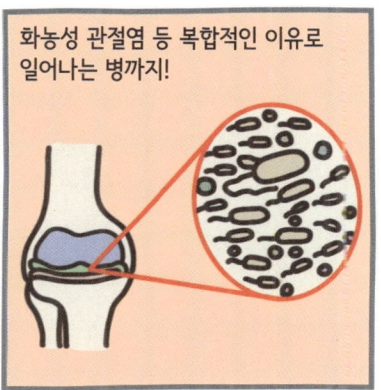
화농성 관절염 등 복합적인 이유로 일어나는 병까지!

황색포도알균은 정말 온갖 병을 일으킬 수 있거든!
걸어 다니는 질병 창고라 불러 주시오.

내가 괜히 영웅이라는 표현을 쓴 게 아니라는 거 알겠지?
영웅은 무슨, 완전히 악당이구만.

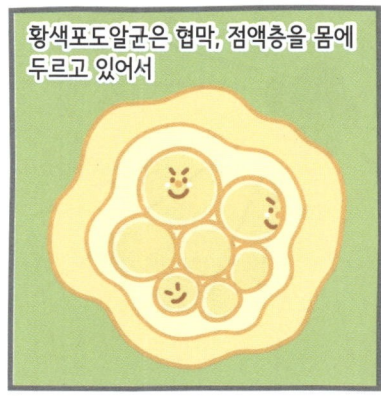
황색포도알균은 협막, 점액층을 몸에 두르고 있어서

포식 세포에게 잡아먹혀도
잘 먹겠습니다~

소화되지 않고 살아남을 수 있어.
소화가 안 되면 어떡해?!
그 소화 아니거든!

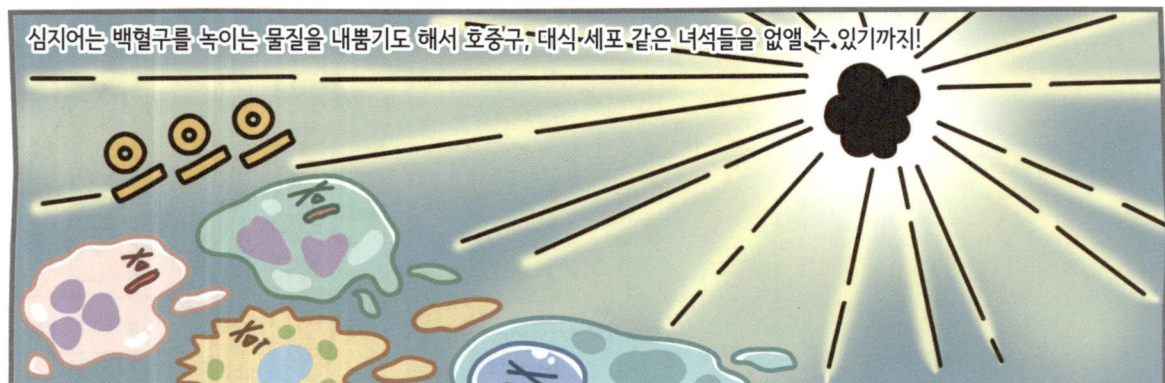

17장. 감염이 실패하지 않도록, 세균의 면역 반응 회피!

B세포가 만든 항체가 달려든다고 해도 OK!

황색포도알균은 오히려 항체를 온몸에 붙여서

더 이상 항체가 붙을 수 없도록 코트를 해버리걸랑.

이건 또 무슨 헛소리야! 그럼 황색포도알균이 파괴되거나 활동에 제한이 생길 거 아니야!

아무것도 모르면서 지적하기는! 그런 일은 일어나지 않아!

황색포도알균은 '단백질 A'라는 단백질을 생산해서 아무 문제 없어!

단백질 A

항체는 크게 두 부분으로 나뉘거든. 한 부분은 적에게 붙어 공격하는 역할을 하고, 다른 한 부분은 다른 면역세포들을 호출하는 역할을 하지.

그런데 단백질 A는 항체가 이 역할 분담을 착각하게 만들어.

결국 항체가 작용하지 않도록 만든단 말씀!

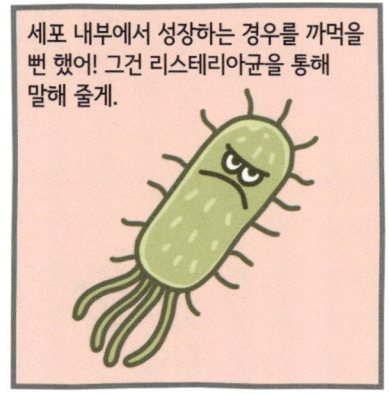

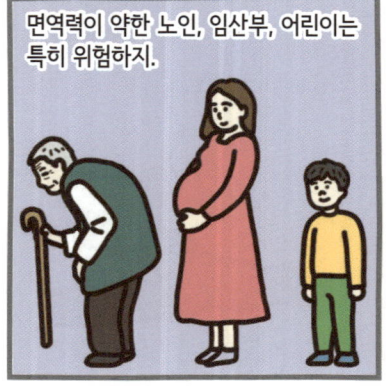
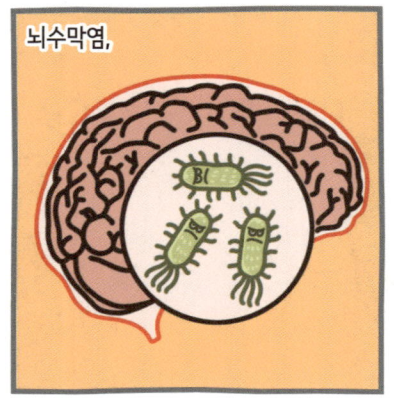

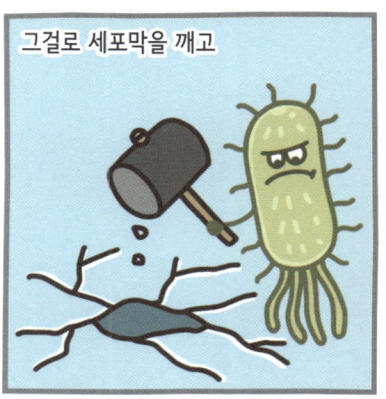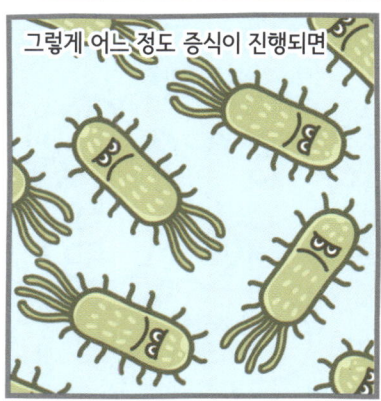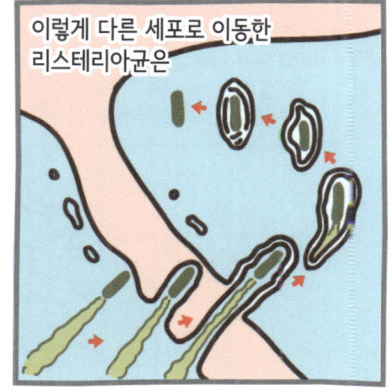

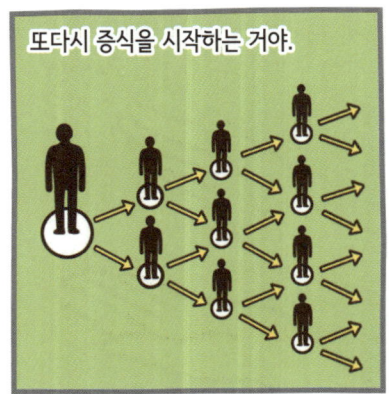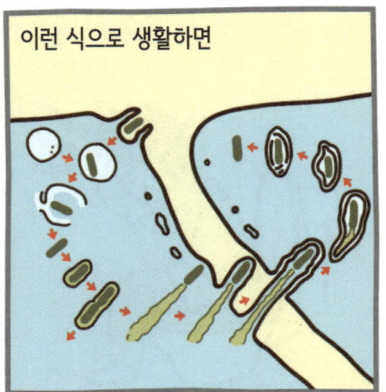

세균의 면역 반응 회피

세균이 우리 몸을 감염시키려면 많은 단계를 거쳐야 하는데, 사실 가장 중요한 건 우리 몸의 면역 반응을 회피하는 거야. 이 말은 곧, 우리 몸에서 병을 일으킨 세균들은 모두 면역 반응을 회피할 수 있는 기능을 갖고 있다는 얘기지.
세균이 우리 몸의 면역 반응을 회피하는 방법은 정말 다양해. 큰 틀에서 보자면 세 가지 유형이 있어.

1. 포식 작용의 무력화

세균이 우리 몸에 침입하면 대식 세포, 호중구 같은 면역 세포가 기능해서 포식 작용을 해. 세균들은 각자의 방법을 이용해서 면역 세포가 세균을 알아보지 못하게 만들기도 하고, 면역 세포에게 잡아먹힌 뒤에도 소화되지 않고 버티기도 해.

2. 항체의 무력화

B세포가 만들어 내는 항체를 무용지물로 만드는 방법이야. 애초에 항체가 만들어지지 않도록 유도하거나 만들어진 항체가 작용하더라도 기능하지 않도록 만들 수 있어.

3. 세포 내 성장

세균이 애초에 세포의 몸속에서 성장하면서 면역 반응으로부터 격리되는 방법이야. 세균이 세포 내부로 들어가서 성장하게 되면, 면역 반응이 안 일어나거나 미약하게 일어나거든.

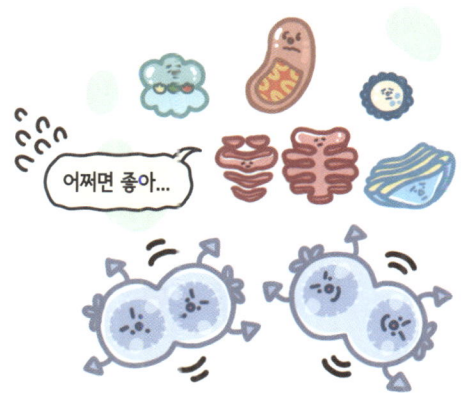

18장. 생물? 무생물? 확실한 건 엄청 작다는 것, 바이러스!

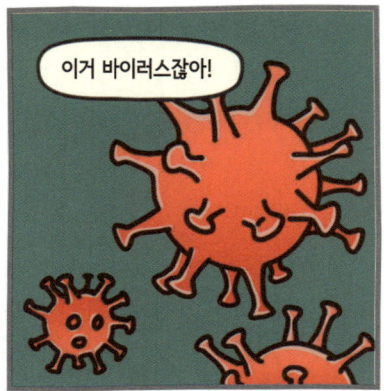
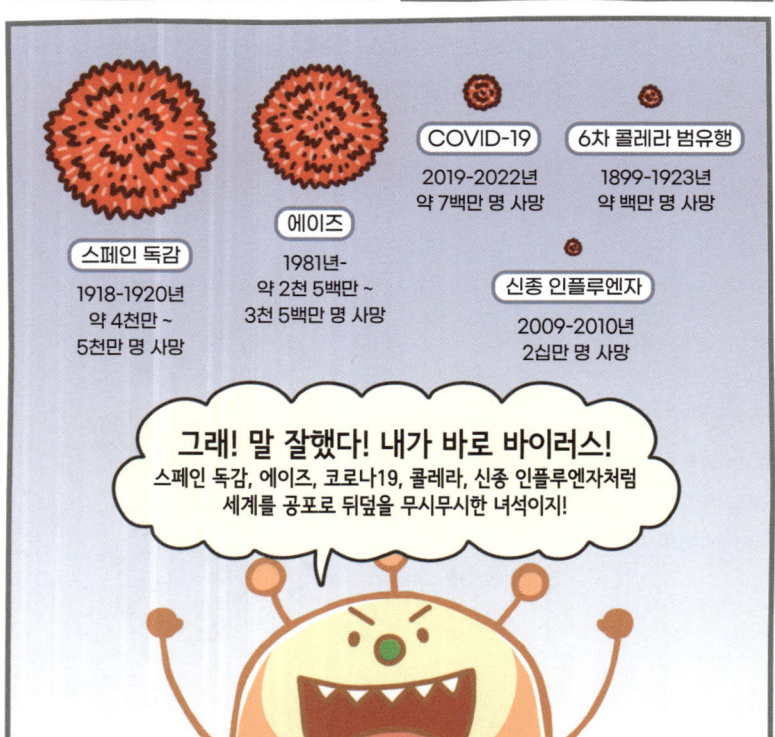

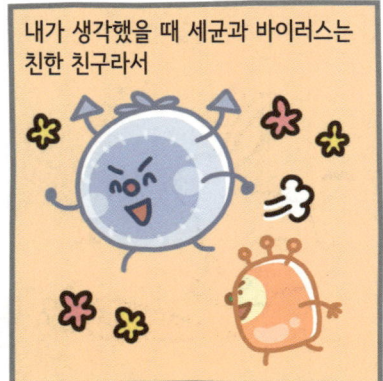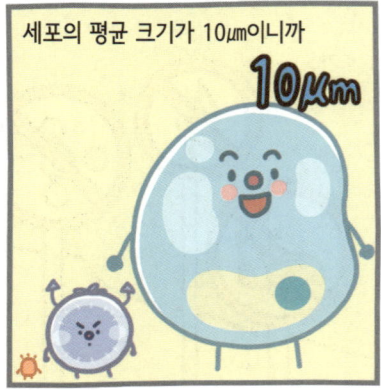

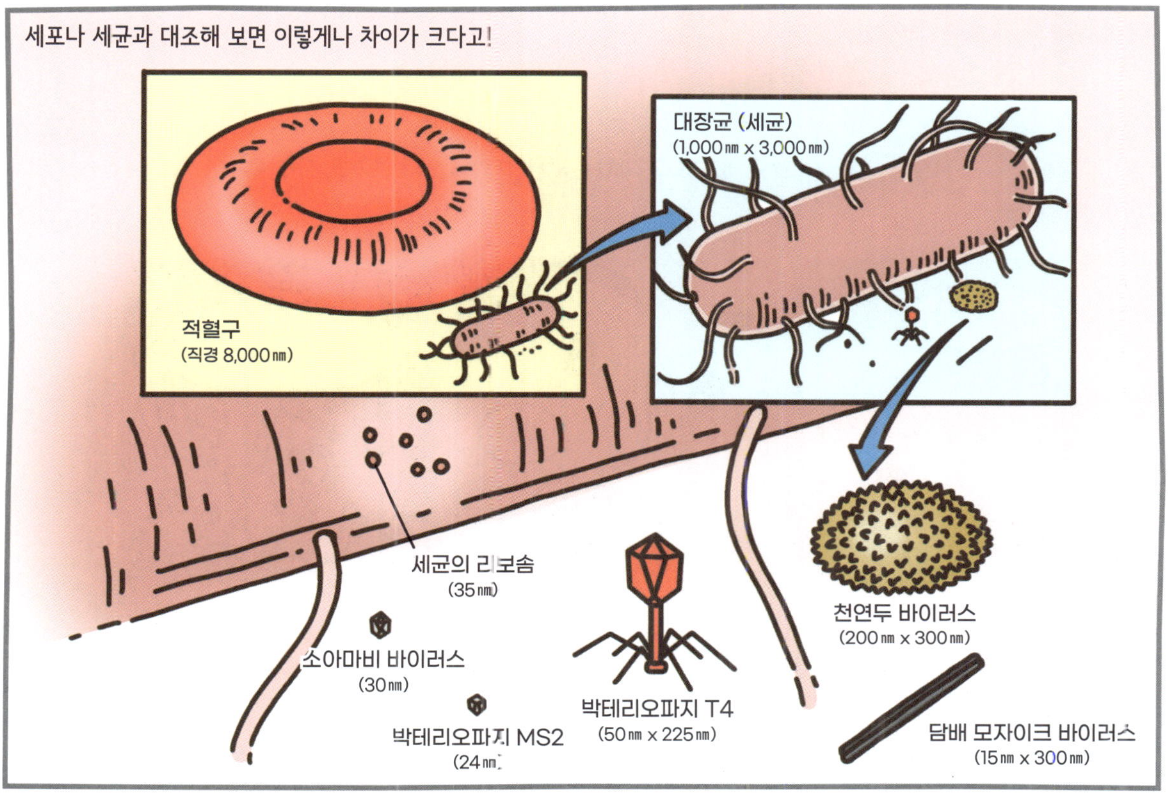

1B장. 생물? 무생물? 확실한 건 엄청 작다는 것, 바이러스!

세포나 세균과 대조해 보면 이렇게나 차이가 크다고!

적혈구 (직경 8,000 nm)

대장균 (세균) (1,000 nm × 3,000 nm)

세균의 리보솜 (35 nm)

소아마비 바이러스 (30 nm)

박테리오파지 MS2 (24 nm)

박테리오파지 T4 (50 nm × 225 nm)

천연두 바이러스 (200 nm × 300 nm)

담배 모자이크 바이러스 (15 nm × 300 nm)

너희가 했던 대로 비교해 보자면, 세포는 내게 있어 공항과 같고!

세균은 그보다 작은 축구장 정도지! 세포든 세균이든 바이러스든 눈에 보이지 않아서 다 같은 줄 알았겠지만 말이야!

Short Interview | 바이러스 편

Q. 사람이나 세포, 세균을 만나기 전까지는 뭘 했나?

19장. 이러쿵저러쿵, 바이러스의 요모조모!

19장. 이러쿵저러쿵, 바이러스의 요모조모!

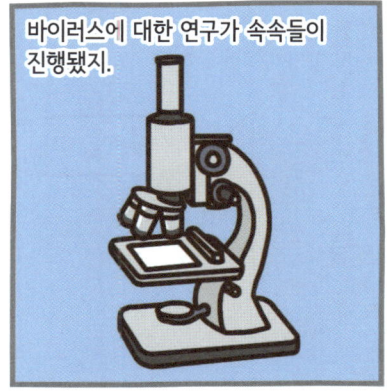
바이러스에 대한 연구가 속속들이 진행됐지.

많은 특징들이 밝혀졌고 말이야.
오호라! 바이러스 너 이런 녀석이구나?!

대표적인 첫 번째 특징은 내가 '절대 세포내 기생체'라는 것.
기생한다니 나랑 닮았군!

나는 반드시 살아 있는 세포 속으로 침입해야만 증식이 가능해.

스스로 에너지를 만들지도 못하고,

물질을 만들지도 못하니까

세포에 들어가서 그 세포가 가지고 있는 여러 가지 기관을 이용해야만 증식이 가능한 거지.
쓸 만한 녀석들이 많구먼!

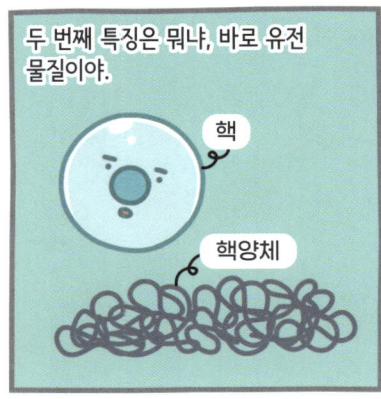
두 번째 특징은 뭐냐, 바로 유전 물질이야.
핵
핵양체

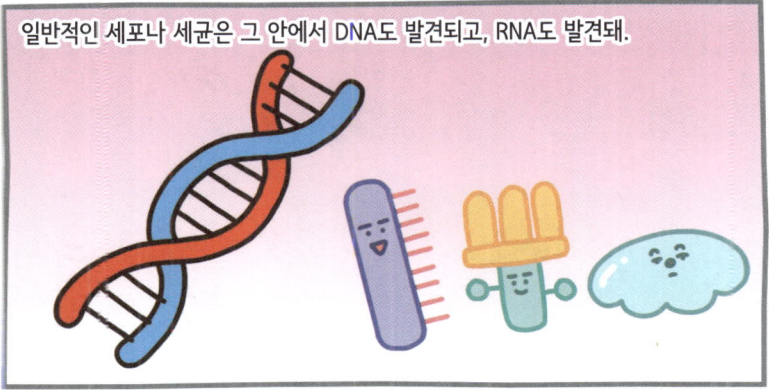
일반적인 세포나 세균은 그 안에서 DNA도 발견되고, RNA도 발견돼.

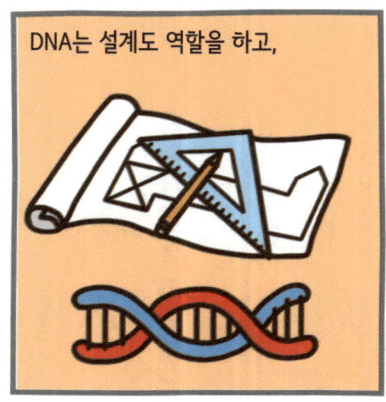

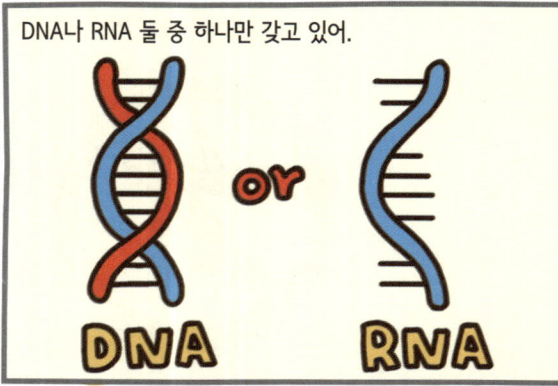
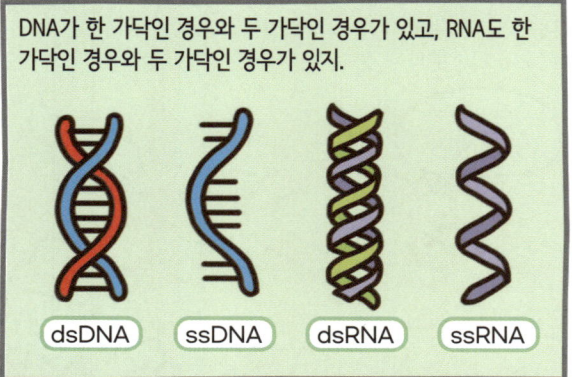
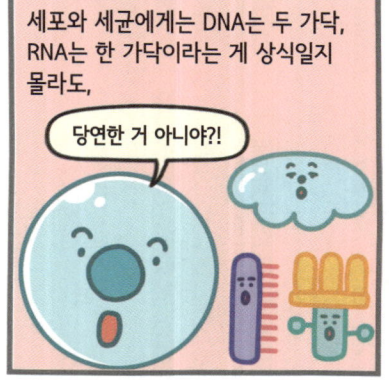

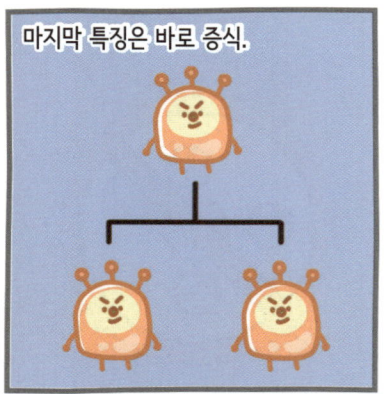
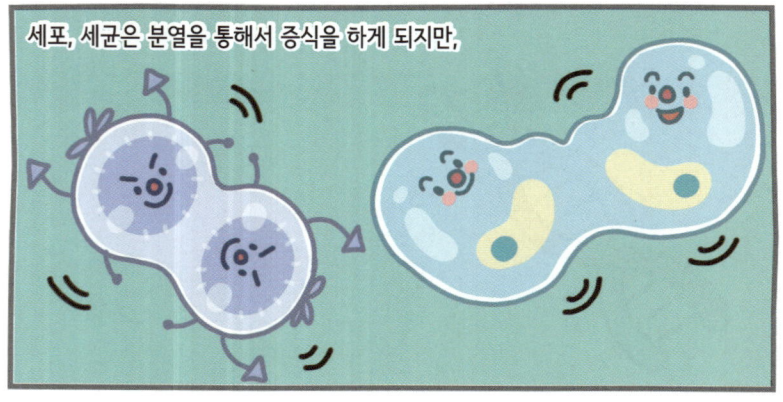
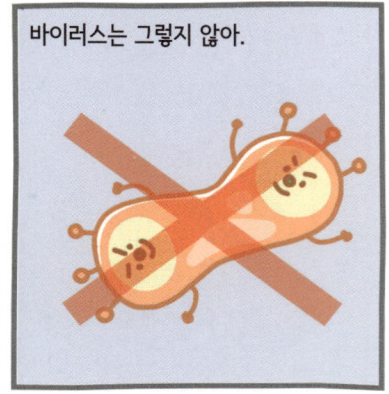

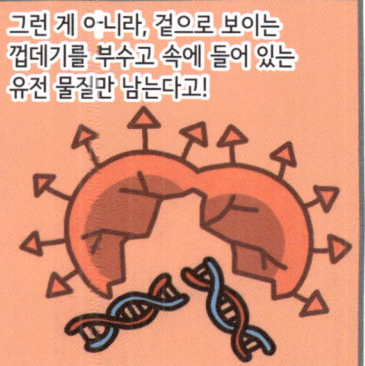
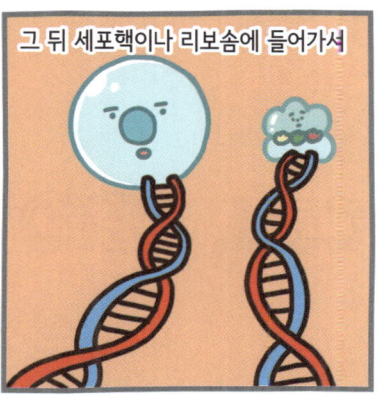
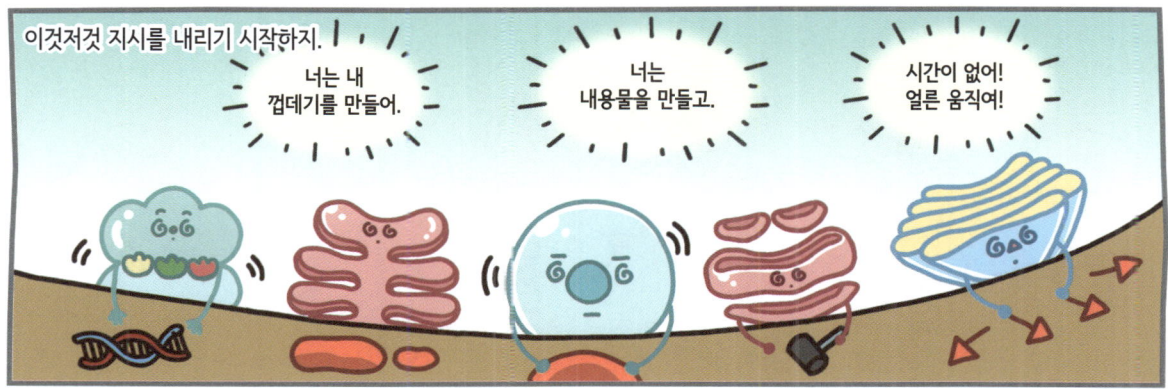

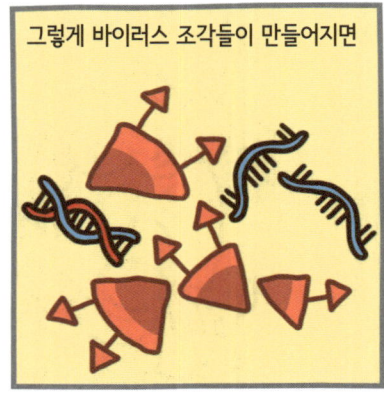

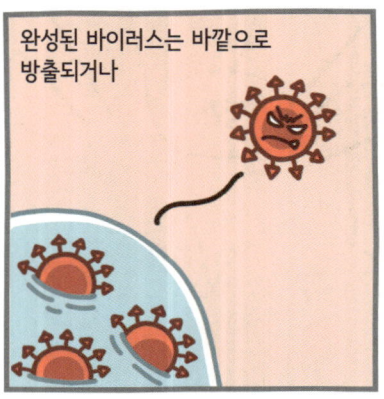
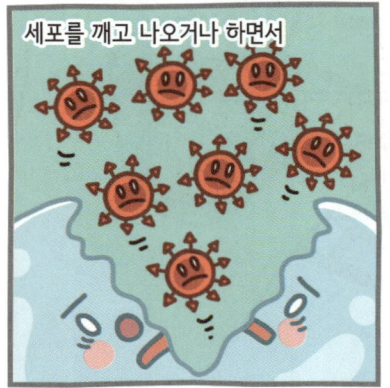

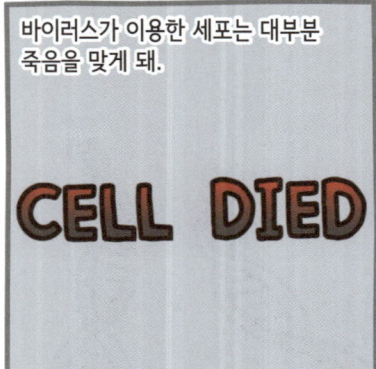

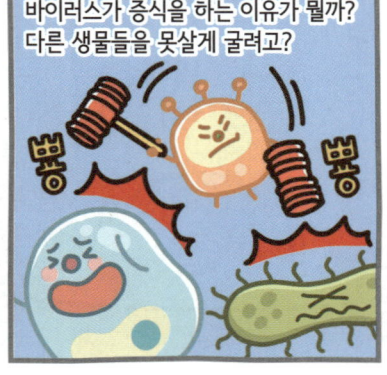

세포보다 세균보다 작은 바이러스

바이러스는 세포보다도 세균보다도 작아. 세포는 약 10㎛, 세균은 약 1~3㎛인 반면 바이러스는 보통 20~300㎚거든. 1㎛는 1㎚의 1000배인 길이니까, 무시무시한 차이가 나. 하지만 생명체라고는 단언할 수 없어. 바이러스는 생물의 특징도 보이지만, 무생물의 특징도 보이기 때문이야. 바이러스는 기생하고 있지 않다면 아무른 생명 활동도 하지 못해. 오로지 다른 미생물의 몸속에서만 생명 활동을 해 나갈 수 있어. 스스로 에너지나 단백질을 만들어 내지 못해서 다른 미생물의 여러 가지 소기관을 이용해야만 하거든. 그래서 생물과 무생물의 중간에 놓여 있다는 말도 나오고, 조건부 생명체라는 이름이 붙기도 했지. 그럼에도 생명 활동을 하기 때문에 생명체에 가깝다고 보는 편이지.

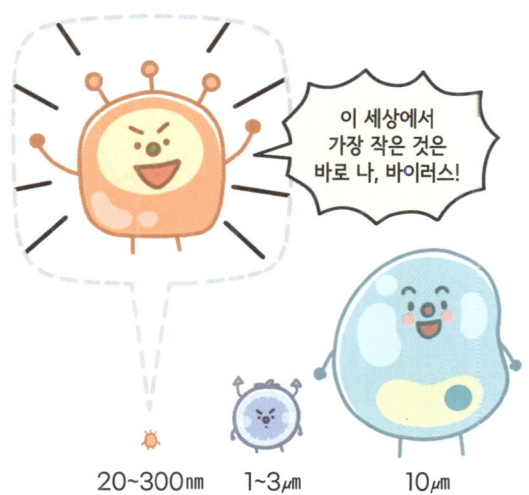

바이러스의 증식

세포나 세균은 분열을 통해서 증식을 하게 되지만, 바이러스는 그렇지 않아. 바이러스는 세포 속에서 조립되어 만들어져. 바이러스가 세포에 침입하게 되면, 겉으로 보이는 껍데기를 부수고 속에 든 유전 물질을 내보내. 방출된 유전 물질은 핵이나 리보솜 등에 들어가서 바이러스 조각들을 만들도록 지시해. 그렇게 세포 속에서 바이러스 조각이 만들어지면, 그것들이 조립되어 바이러스가 되는 거야. 만들어진 바이러스는 바깥으로 방출되거나, 세포를 깨고 나오며 다른 세포에 침입해서 같은 과정을 반복하.

일반적인 담배잎 / 병에 걸린 담배잎

바이러스의 유래

바이러스는 담배 때문에 발견됐어. 정확히 말하자면 담배 모자이크 병 때문이었지. 이 병은 바이러스에 의해 발병하는데, 바이러스의 존재를 몰랐던 당시 사람들은 이를 세균에 의한 것이라고 추측했어.

사람들은 이를 검증하고자 한 가지 실험을 진행했어. 담배 모자이크 병에 걸린 잎을 갈아서 세균이 통과할 수 없는 여과 장치에 거른 후, 걸러진 즙과 걸러지지 않은 즙을 멀쩡한 잎에 발라 보는 실험이었지. 실험 결과는 뜻밖이었어. 이상하게도 걸러진 즙을 바른 담배잎이 병에 걸렸거든.

어째서...?!

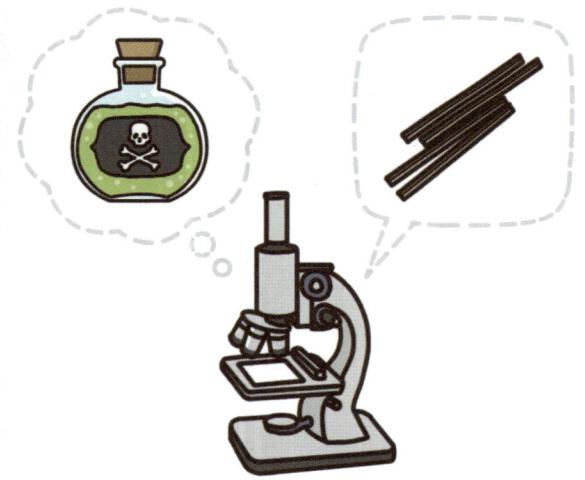

사람들은 이 결과를 통해 '여과 장치를 통과할 만큼 엄청나게 작은 세균'이나 '모종의 독'이 원인일 거라 판단했어. 결국에는 독이라는 의견이 주류가 되어 라틴어로 독을 의미하는 '바이러스'라는 이름이 붙게 됐고 말이야. 이후 전자 현미경이 발명되어 바이러스의 본모습을 관찰했을 때에는 이미 바이러스라는 이름이 정착한 뒤였고, 그대로 '바이러스'라 부르기로 한 거야.

20장. 바이러스는 만능열쇠가 아니야! 숙주역과 조직 친화성!

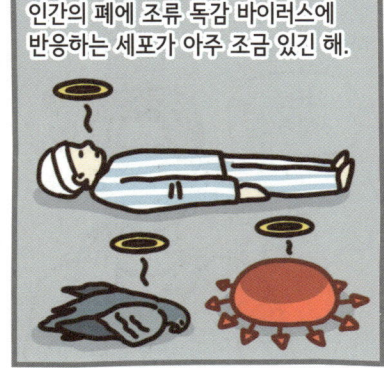

20장. 바이러스는 만능열쇠가 아니야! 숙주역과 조직 친화성!

오로지 조류와 밀접한 접촉을 한 사람만이 감염됐고,

그렇지 않은 사람들은 멀쩡했지. 조류 독감에 걸린 사람과 밀접한 접촉을 했다고 해도 말이야.

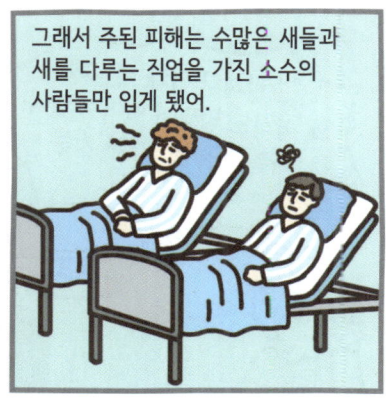
그래서 주된 피해는 수많은 새들과 새를 다루는 직업을 가진 소수의 사람들만 입게 됐어.

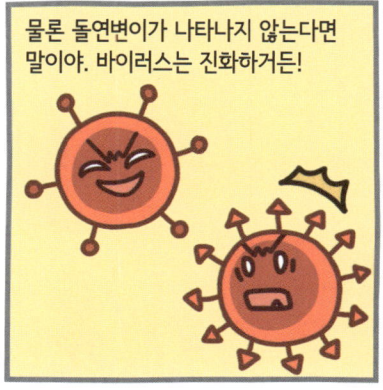
물론 돌연변이가 나타나지 않는다면 말이야. 바이러스는 진화하거든!

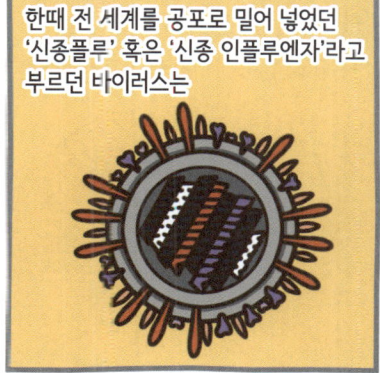
한때 전 세계를 공포로 밀어 넣었던 '신종플루' 혹은 '신종 인플루엔자'라고 부르던 바이러스는

처음에 돼지 독감이라고 불렀었어.
"돼지 독감입니다..."
"제가 돼지였단 말인가요?"

증상이 돼지 독감과 비슷하게 보였었거든.

사람들은 이 병이 돼지에게서 사람에게 전파가 된 후

사람에서 사람으로도 전파가 된 거로 믿었지.

돌연변이가 나타났다고 생각한 거야.
"이제 이건 돼지 독감이 아니야... 사람 독감이야!"

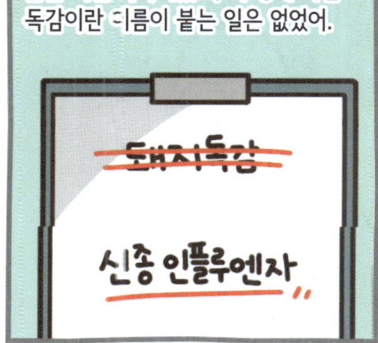
물론 이건 착각이었고, 이 병에 사람 독감이란 이름이 붙는 일은 없었어.

사실 숙주역이 변하는 돌연변이가 그렇게 흔한 건 아니거든.

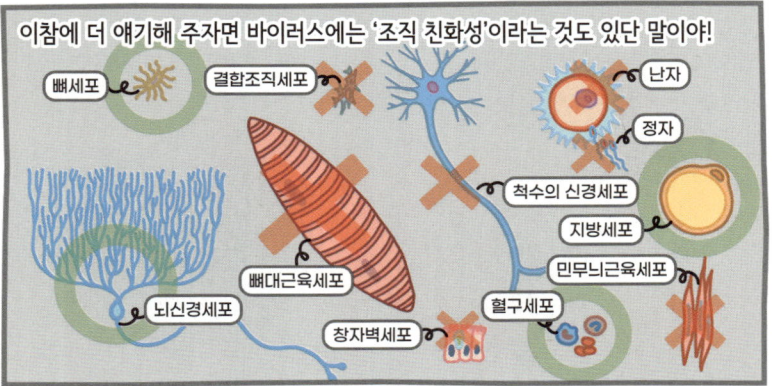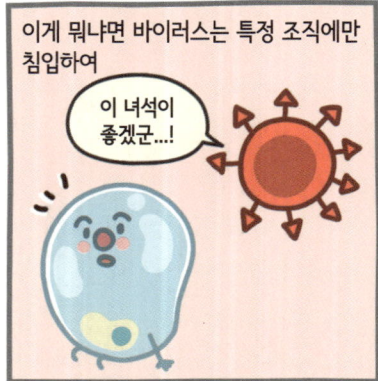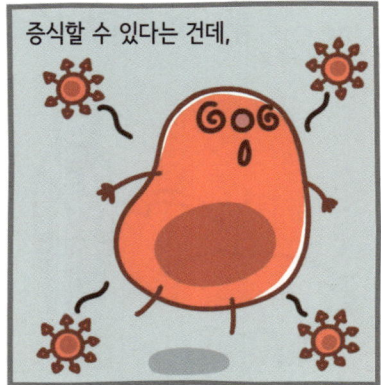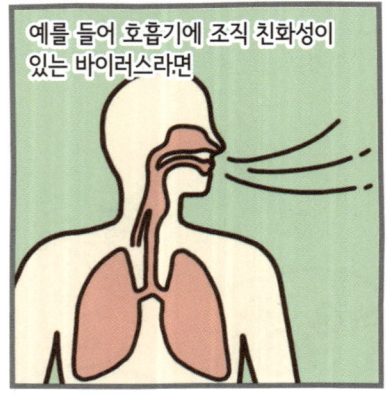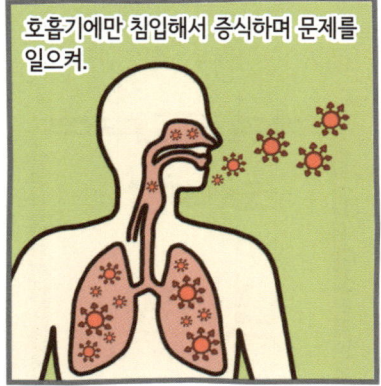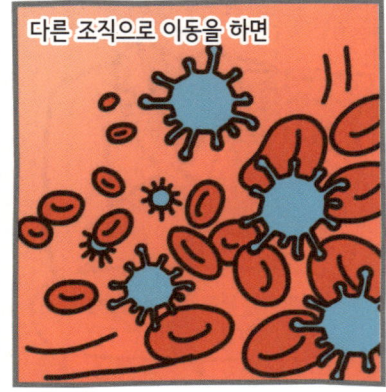

20장. 바이러스는 만능열쇠가 아니야! 숙주역과 조직 친화성!

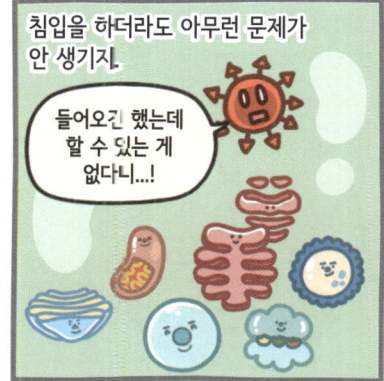
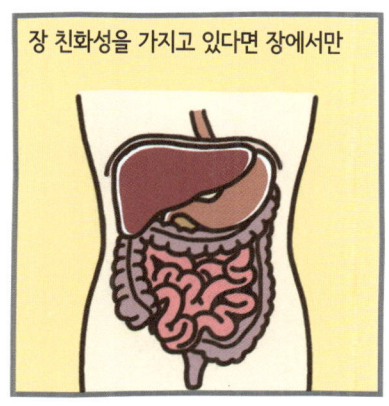

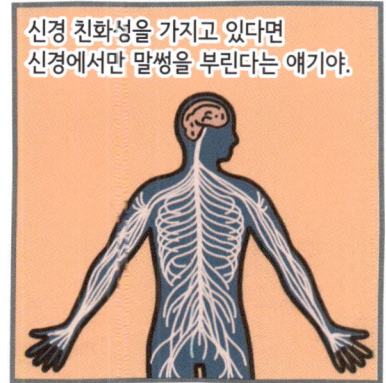
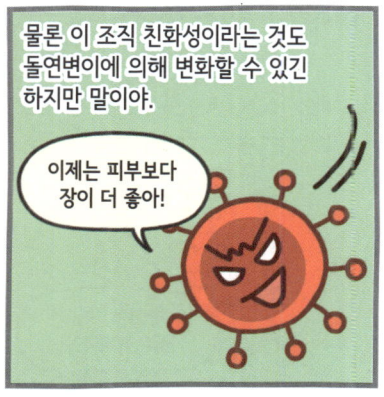

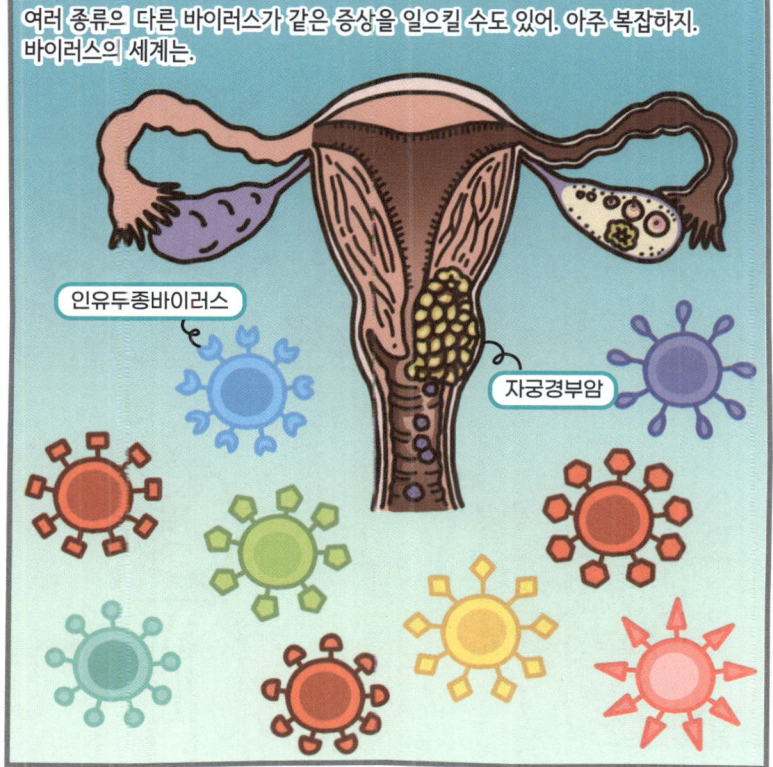

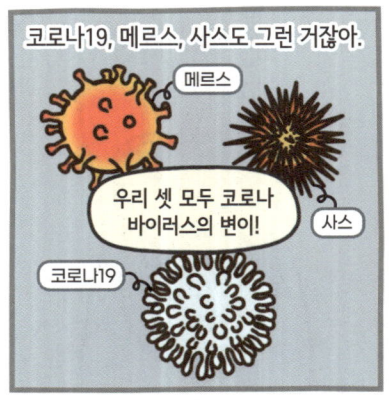
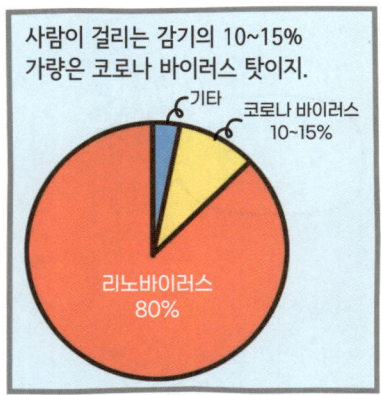

20장. 바이러스는 만능열쇠가 아니야! 숙주역과 조직 친화성!

메르스는 박쥐가 가지고 있던 코로나 바이러스가 낙타를 감염시킨 뒤

사람을 감염시켰고,

사스와 마찬가지로 다시 사람과 사람 사이로 전파된 사례지.

코로나19 역시 박쥐가 가지고 있던 코로나 바이러스가 사람을 감염시킨 것이긴 한데,

이 녀석은 사스와 메르스처럼 중간에 다른 동물을 거쳐서 사람에게 전파된 것인지,

박쥐에서 사람으로 바로 전파가 된 것인지 아직 밝혀지지 않았어.

잘 모르겠군. 석연치 않아...

여기서 문제는 돌연변이를 일으키며 숙주역만 넓어진 게 아니라는 거지.

설마 숙주역만 넓어졌을까!

만약 숙주역만 넓어졌다면 치료제가 없더라도

감기를 앓듯이 지나갔을지 모르는 일이지만,

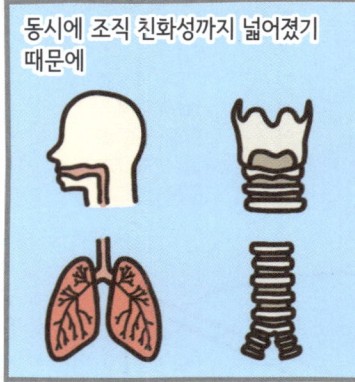
동시에 조직 친화성까지 넓어졌기 때문에

상당히 위험한 질병으로 거듭나 버린 거거든.

일반적인 코로나 바이러스는 코점막에 조직 친화성이 있어서

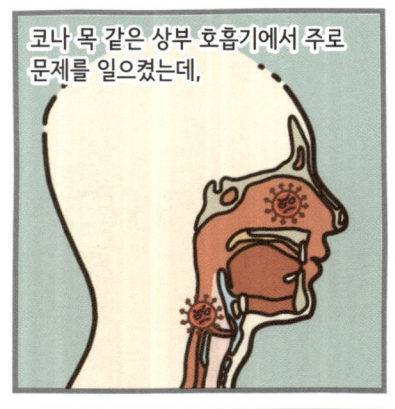
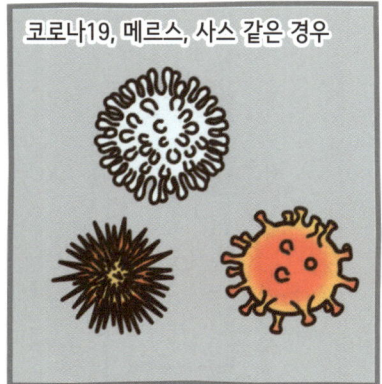
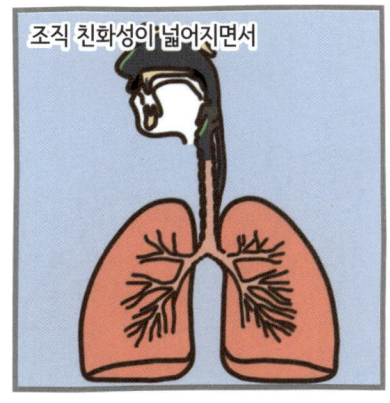
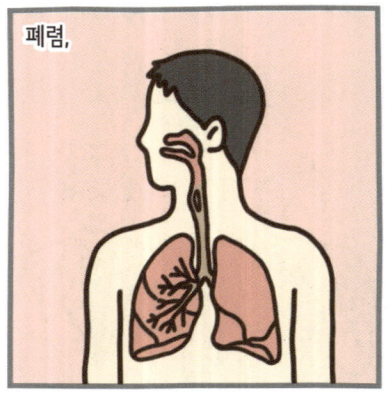

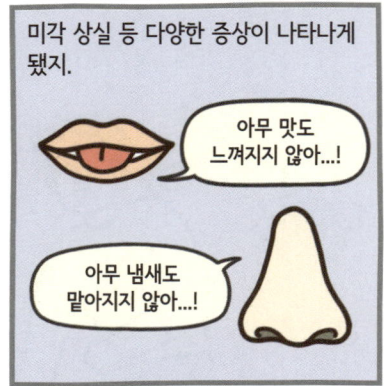

20장. 바이러스는 만능열쇠가 아니야! 숙주역과 조직 친화성!

물론 대증 치료라고 해도 신체가 건강한 청년이라면

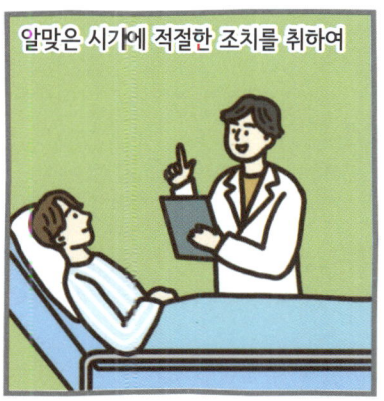
알맞은 시기에 적절한 조치를 취하여

병이 무사히 나을 수도 있어.
다 나았지롱!

하지만 어린이,

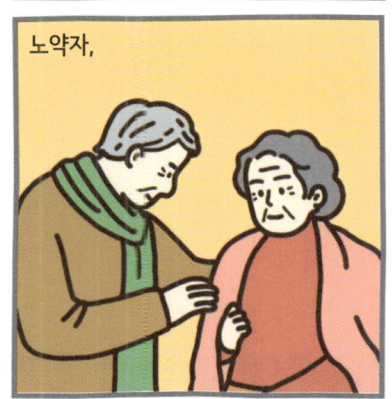
노약자,

임산부,

만성 질환이나 지병을 갖고 있는 사람일 경우에는

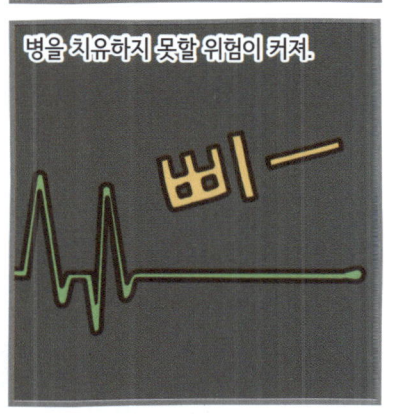
병을 치유하지 못할 위험이 커져.

병이 낫더라도 후유증이 생길 확률이 커지지.

나는 코로나19라고 하길래 완전히 새로운 바이러스가 나타난 줄 알았는데...
코로나 바이러스란 게 그런 거였구나.

신기하지? 바이러스에 관련해선 더 재밌는 얘기들이 많고, 나는 안전해! 그러니까 날 두고 가 버리지 말아 줘...!

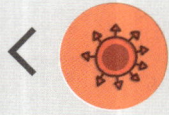 **20장. 바이러스는 만능열쇠가 아니야! 숙주역과 조직 친화성!**
Short Interview | 바이러스 편 2

인터뷰어 님이 바이러스 님을 초대했습니다.

숙주역이 넓어진다면 사람을 감염시킬 수 있다고 하셨는데, 본인은 어떠신지?

 제가 처음에 세계를 공포로 뒤덮네 마네 하긴 했지만,
그건 숙주역의 변화를 염두에 두고 한 말은 아니었어요.

약간의 허세를 부린 거였죠.

조직 친화성까지 몽땅 변화시켜서 사람을 아작 낼 생각은 아니셨고요?

 말씀드렸다시피 저는 식물 바이러스예요.
식물 바이러스는 사람을 감염시켜서 병을 일으키거나
사망에 이르게 한 사례가 없어요.

 애초에 불가능한 일이죠.

즉, 제 숙주역이 변화한다고 해서
사람을 감염시키는 일은 없을 거란 뜻이에요.

정말 다행이군요?!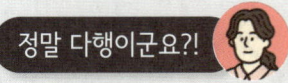

21장. 바이러스는 이렇게 생겼어!

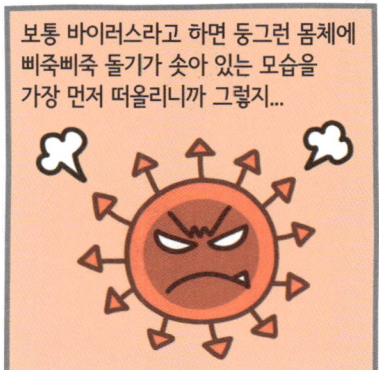

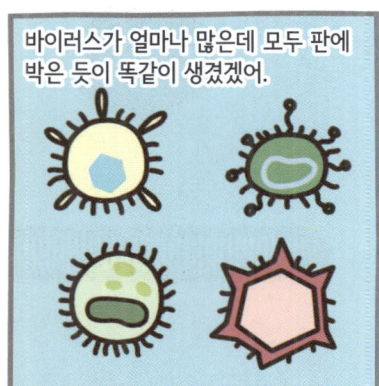

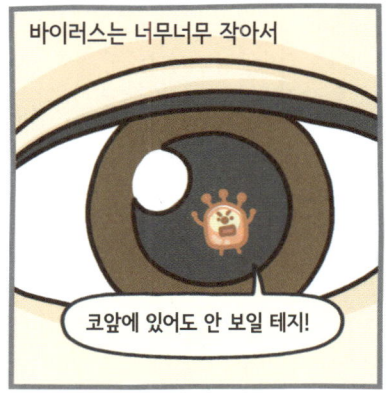
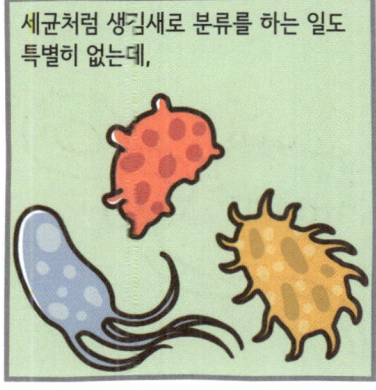

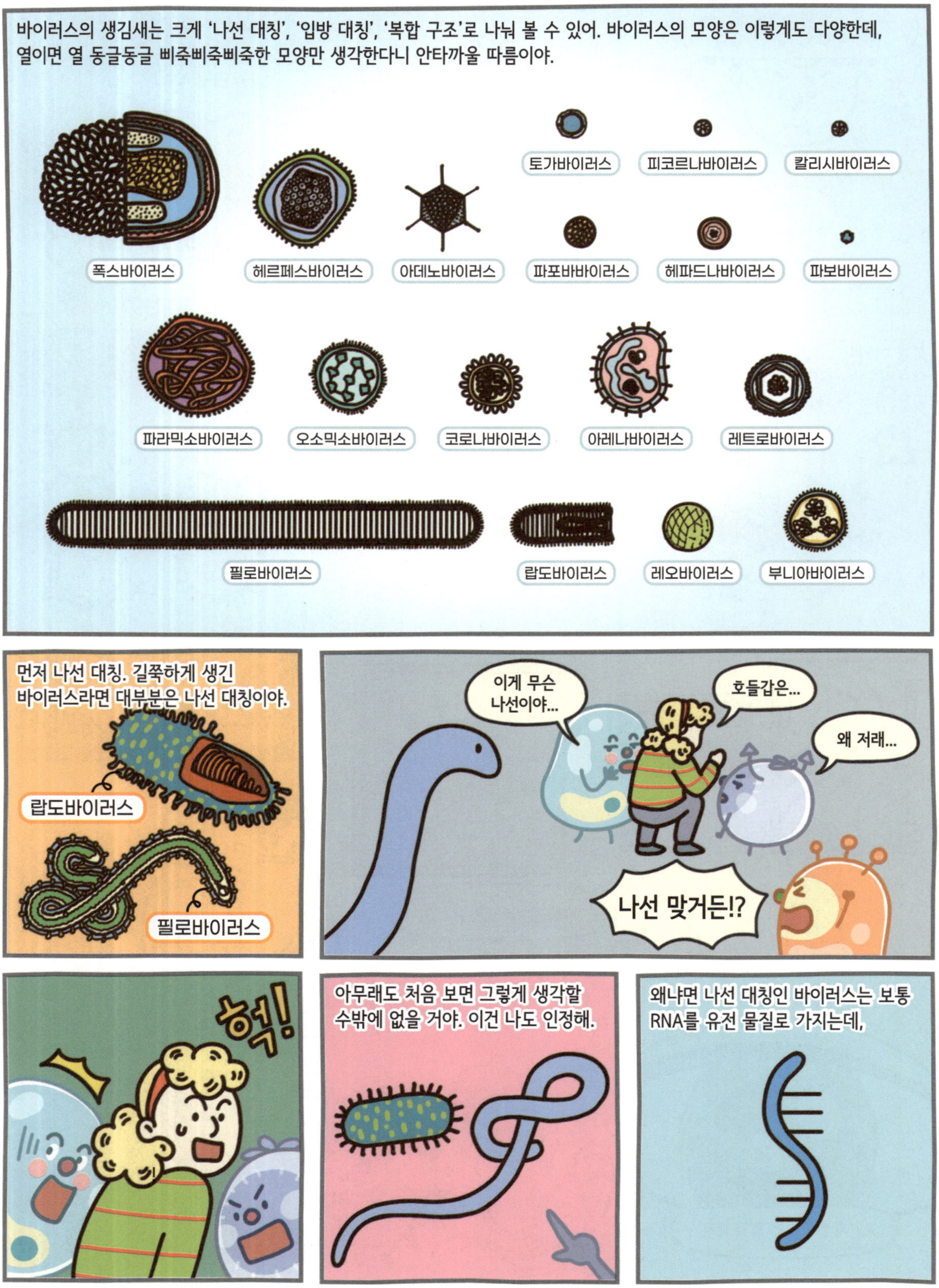

바이러스의 생김새는 크게 '나선 대칭', '입방 대칭', '복합 구조'로 나눠 볼 수 있어. 바이러스의 모양은 이렇게도 다양한데, 열이면 열 동글동글 삐죽삐죽삐죽한 모양만 생각한다니 안타까울 따름이야.

- 폭스바이러스
- 헤르페스바이러스
- 아데노바이러스
- 토가바이러스
- 피코르나바이러스
- 칼리시바이러스
- 파포바바이러스
- 헤파드나바이러스
- 파보바이러스
- 파라믹소바이러스
- 오소믹소바이러스
- 코로나바이러스
- 아레나바이러스
- 레트로바이러스
- 필로바이러스
- 랍도바이러스
- 레오바이러스
- 부니아바이러스

먼저 나선 대칭. 길쭉하게 생긴 바이러스라면 대부분은 나선 대칭이야.
랍도바이러스
필로바이러스

이게 무슨 나선이야…
호들갑은…
왜 저래…
나선 맞거든!?

헉!

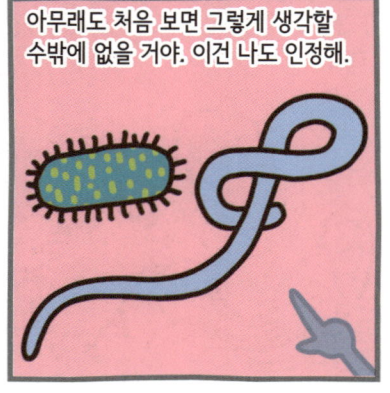

아무래도 처음 보면 그렇게 생각할 수밖에 없을 거야. 이건 나도 인정해.

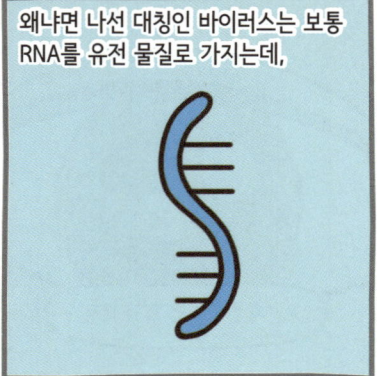

왜냐면 나선 대칭인 바이러스는 보통 RNA를 유전 물질로 가지는데,

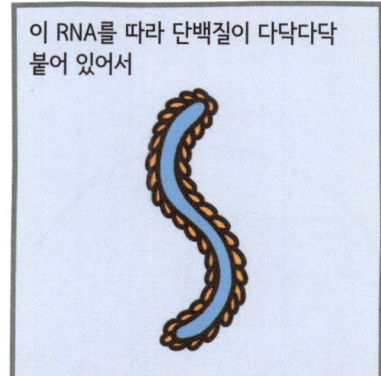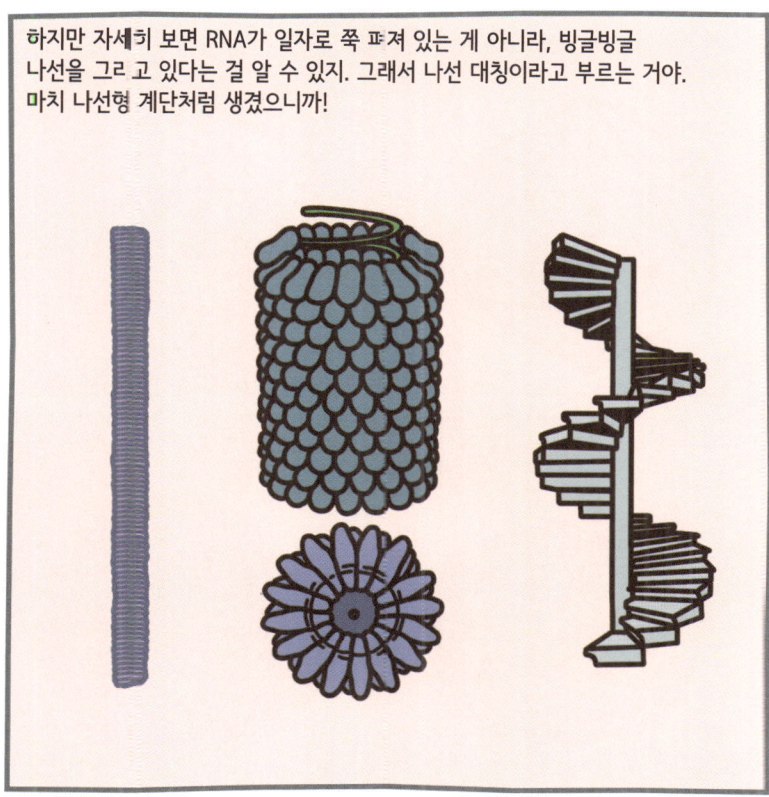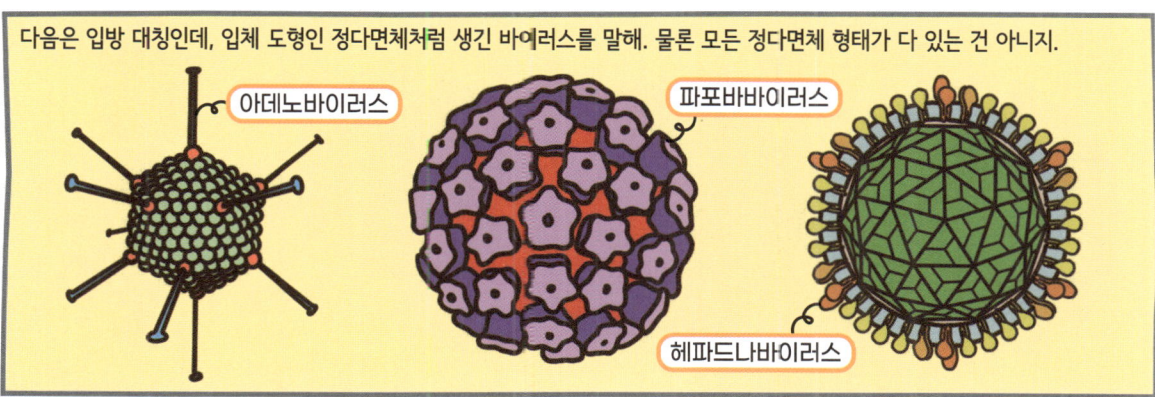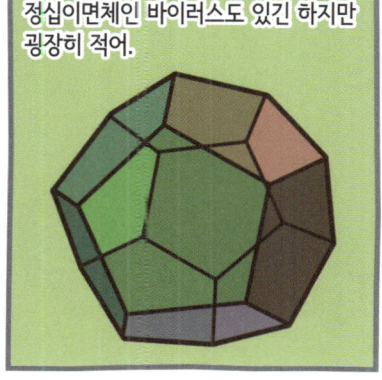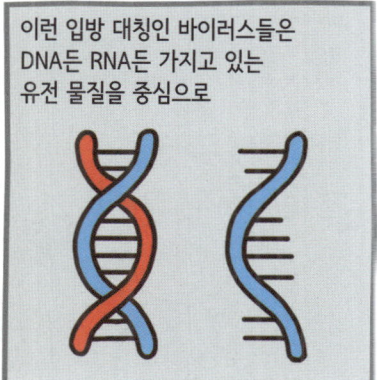

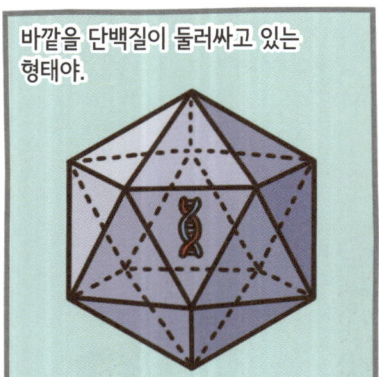
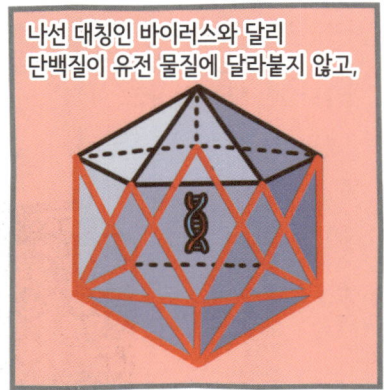
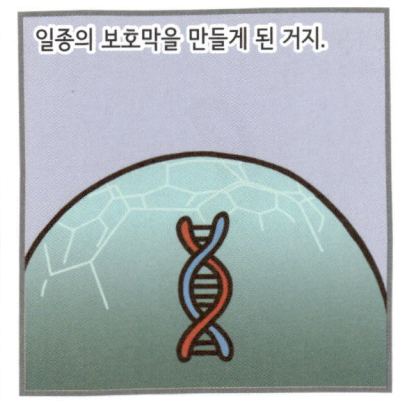

21장. 바이러스는 이렇게 생겼어!

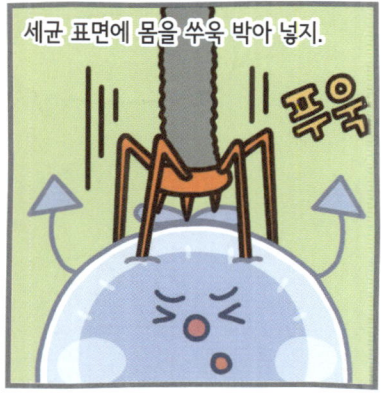

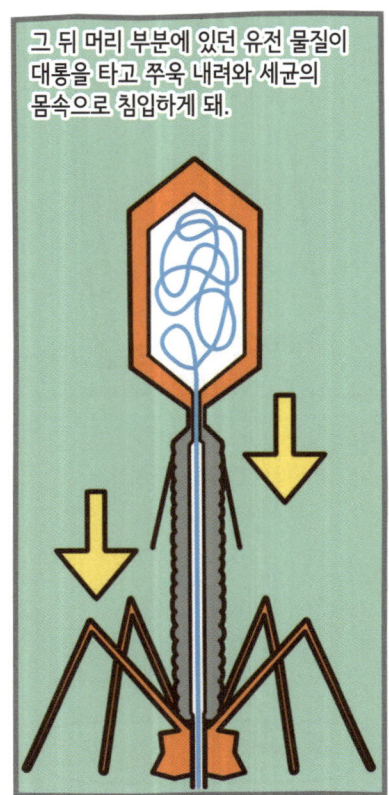
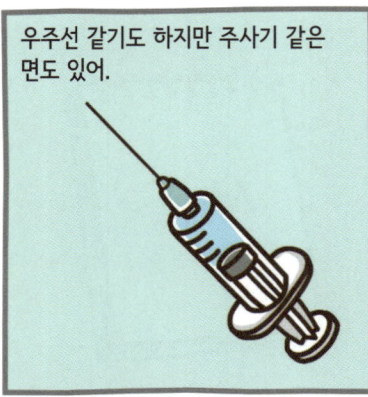

21장. 바이러스는 이렇게 생겼어!
Short Interview | 바이러스 편 3

인터뷰어 님이 사람 님, 세포 님, 세균 님, 바이러스 님을 초대했습니다.

바이러스는 자기가 잘생긴 편이라고 했는데, 실제로는 어떤가요?

 사람: 한마디로 어처구니가 없네요. 제 기준으로 봤을 땐 필로바이러스나 아데노바이러스 같은 바이러스가 잘생겨 보이거든요.

 세포: 세포인 저의 관점에서 보자면 바이러스들은 다 똑같아요.

 세포:

흉물스럽죠. 저를 감염시키지 않는다고는 하지만, 제 친구들이 바이러스에 감염됐을 때를 생각하면...

 세균: 잘 모르겠어요. 잘생긴 것 같기도 하고...

 세균: 그런데 박테리오파지 이 녀석만큼은 처음 봤을 때부터 곤충처럼 징그럽게 생겼다고 생각했었죠. 아니나 다를까 세균을 감염시키는 바이러스더라고요!

 바이러스:

거 너무들 하네, 참...

22장. 협막과 비슷하다, 바이러스의 외피!

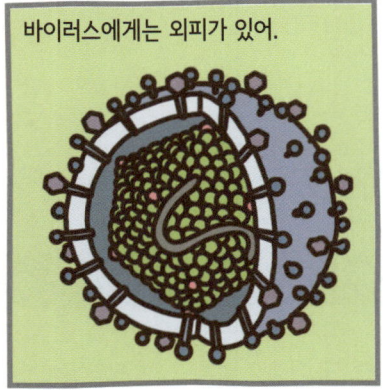

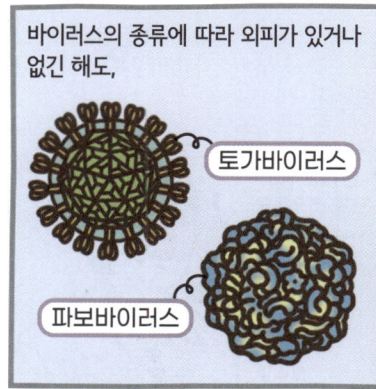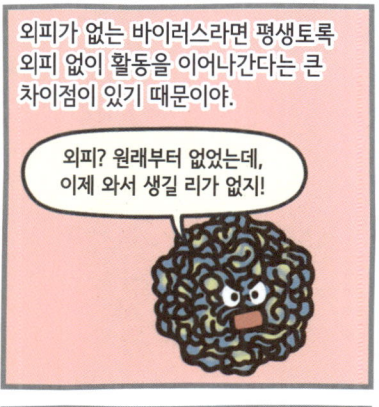

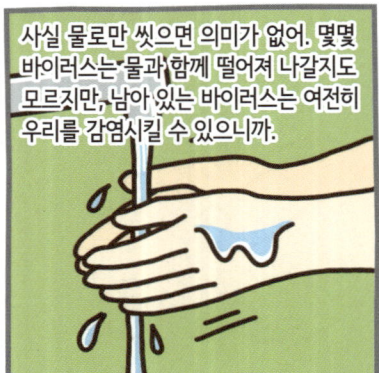

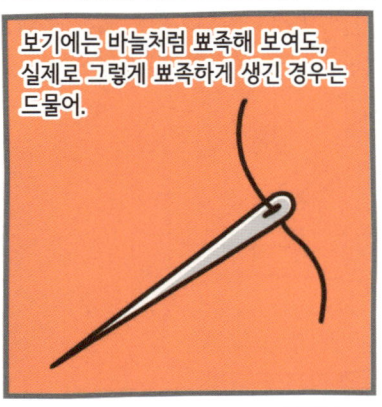

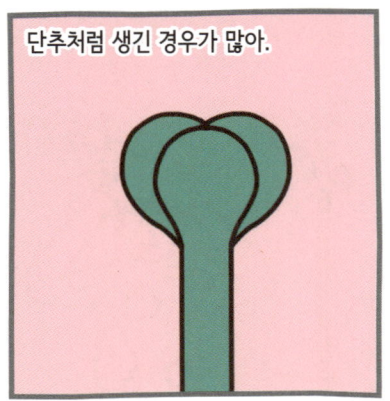

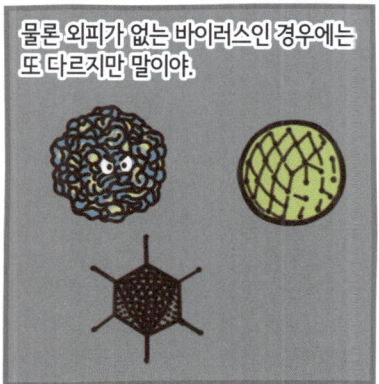

바이러스의 모양

바이러스에는 다양한 형태가 있는데, 크게 세 가지 종류로 나누어 볼 수 있어. 나선 대칭, 입방 대칭, 그리고 복합 구조지.

(나선 대칭)

나선형 계단처럼 꼬여 있는 유전 물질에 단백질이 달라 붙은 바이러스, 보통 길쭉하다.

필로바이러스

랍도바이러스

담배 모자이크 바이러스

(입방 대칭)

정이십면체처럼 특정 정다면체와 같은 모양의 바이러스

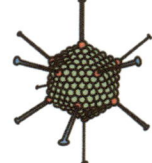
아데노바이러스

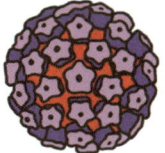
파포바바이러스

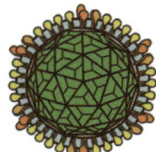
헤파드나바이러스

(복합 구조)

말 그대로 구조가 복잡해서 어떠한 모양이라고 말하기 힘든 바이러스

파라믹소바이러스

오소믹소바이러스

박테리오파지

바이러스의 외피

외피는 바이러스의 가장 바깥층으로써 세포에 침입하거나 면역 반응을 회피하는 등에 도움을 주는 얇은 막이야. 모든 바이러스가 외피를 가지고 있지는 않지만, 외피는 바이러스를 구분하는 큰 역할을 해. 외피가 없는 바이러스는 외피 없이도 세포를 감염시킬 수 있는 반면, 외피가 있는 바이러스는 외피가 사라지면 감염력을 잃어버리기 때문이야. 이러한 외피는 기름과 비슷한 성분으로 이루어져 있어서 비누나 알코올에 잘 녹아. 그래서 몸을 잘 닦으면 외피 바이러스가 우리를 감염시킬 확률을 크게 낮출 수 있어.

	외피 X	외피 O
입방 대칭	레오바이러스, 아데노바이러스	헤파드나바이러스, 헤르페스바이러스
나선 대칭	담배 모자이크 바이러스	필로바이러스, 랍도바이러스
복합 구조	박테리오파지	파라믹소바이러스, 폭스바이러스

바이러스의 숙주역과 조직 친화성

바이러스는 감염시킬 수 있는 숙주의 범위가 매우 제한적이야. 한정된 숙주 외에 다른 숙주에는 감염을 일으키지 않지. 이렇게 바이러스가 감염시킬 수 있는 숙주의 범위를 '숙주역'이라고 해. 또한, 바이러스가 감염시킬 수 있는 숙주라 할지라도 바이러스는 특정 조직에만 침입해서 증식할 수 있어. 이러한 성질을 '조직 친화성'이라고 하고, 특정 조직에 침입하는 바이러스를 가리켜 '~에 조직 친화성을 가지고 있다' 혹은 '~친화성 바이러스'라고 표현해. 하지만 바이러스의 숙주역이나 조직 친화성은 돌연변이에 의하여 변화할 수 있어.

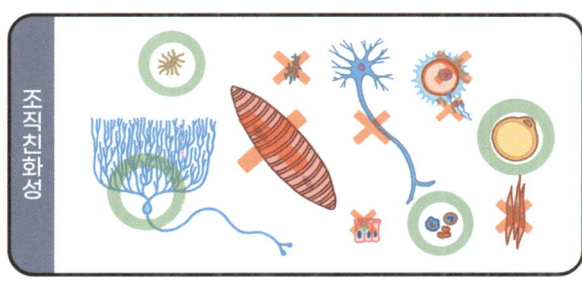

숙주역에 따른 분류

예시
- 무척추 동물 바이러스
- 원생 동물 바이러스
- 동물 바이러스
- 식물 바이러스
- 곰팡이 바이러스
- 세균 바이러스

나는 강아지만 감염시키는 바이러스!

조직 친화성에 따른 분류

예시
- 피부 친화성 바이러스
- 신경 친화성 바이러스
- 간 친화성 바이러스
- 장 친화성 바이러스
- 호흡기 바이러스

나는 폐에서만 증식하는 바이러스!

동물 바이러스라고 모든 동물을 감염시킬 수 있다는 의미가 아니야.

동물 바이러스 안에서도 감염시킬 수 있는 동물에 따라 다시 분류되니까 헷갈리면 안 돼!

다른 숙주역의 바이러스나 조직 친화성에 따라 분류된 바이러스도 마찬가지야!

무서워...

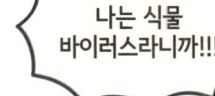

그래도 왠지 꺼림칙해...

나는 식물 바이러스라니까!!!

23장. 세균과는 또 다른 바이러스의 면역 반응 회피! ①

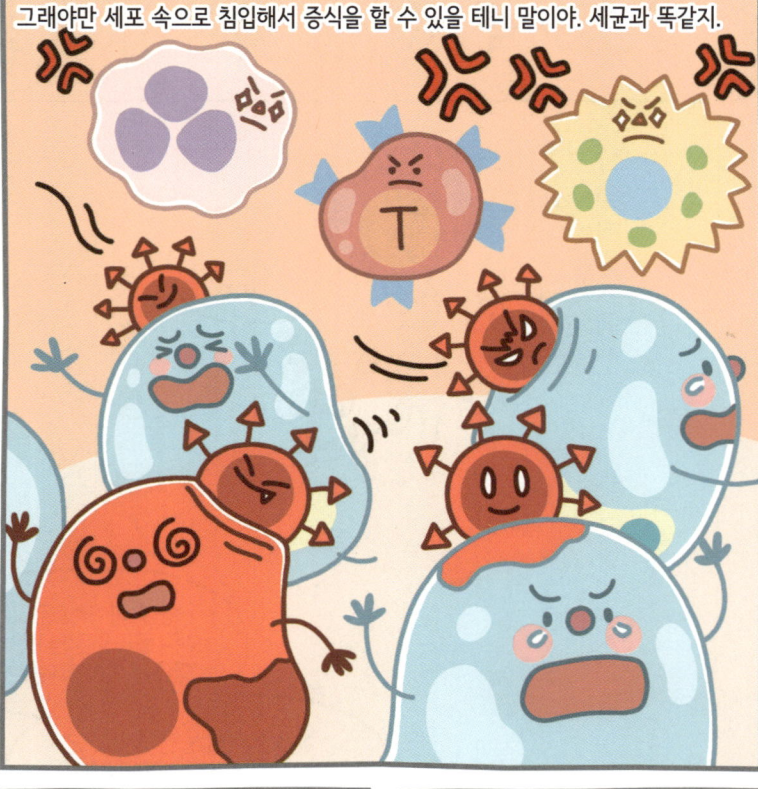

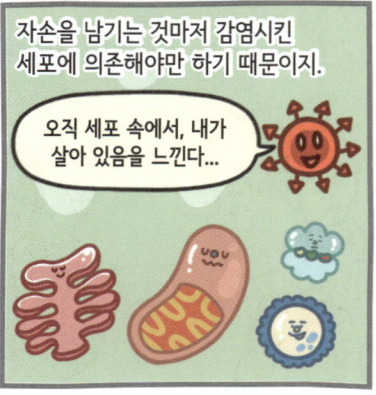

23장. 세균과는 또 다른 바이러스의 면역 반응 회피!

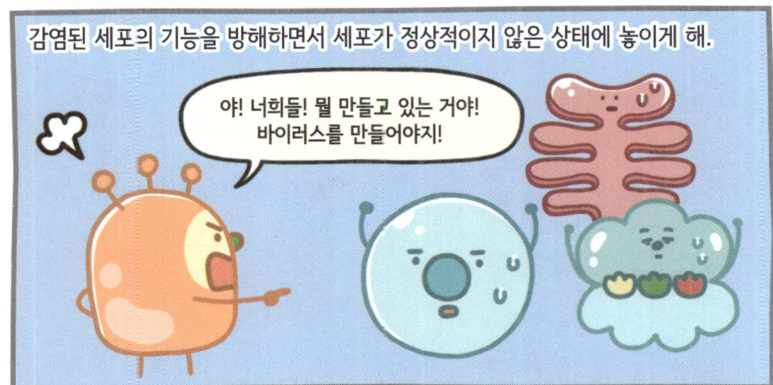

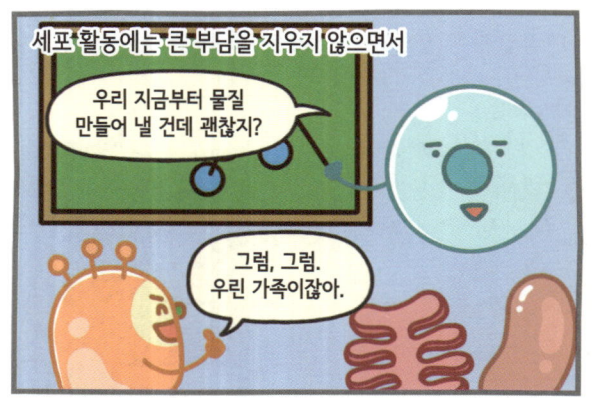

23장. 세균과는 또 다른 바이러스의 면역 반응 회피! ①

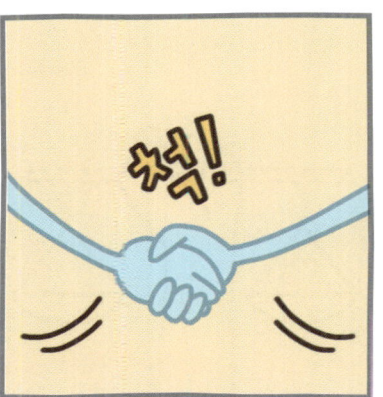

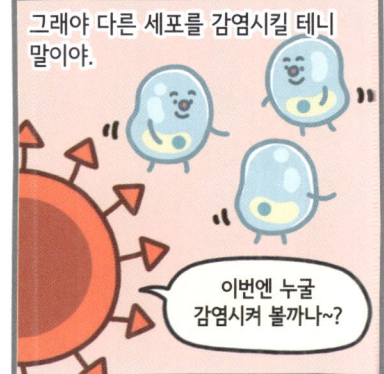

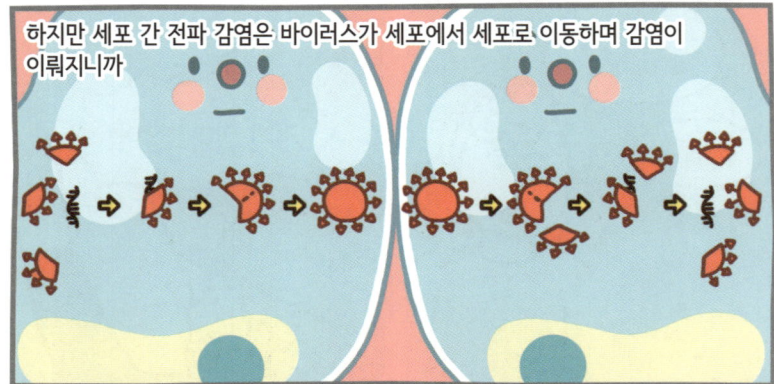

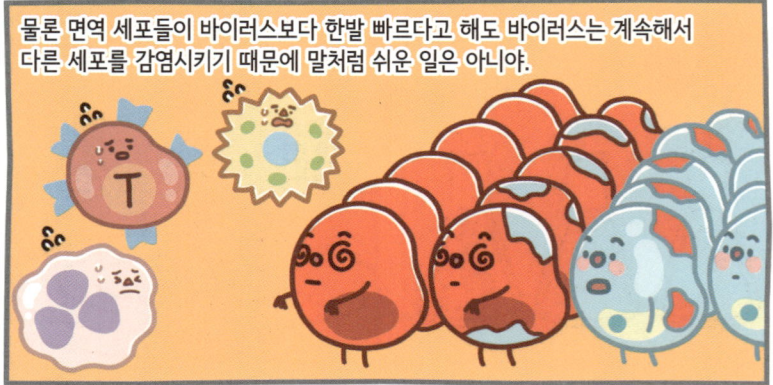

23장. 세균과는 또 다른 바이러스의 면역 반응 회피! ①

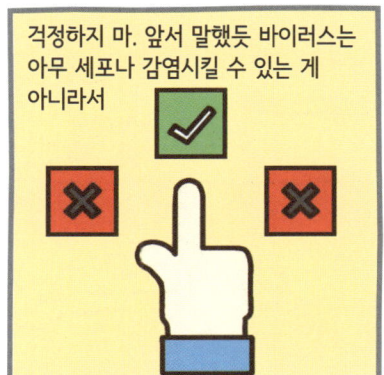

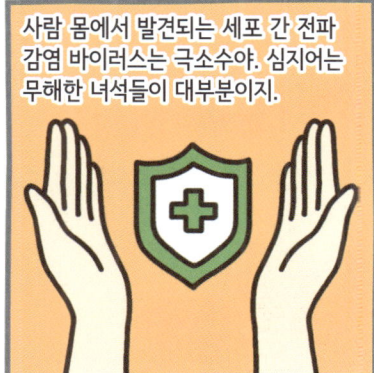
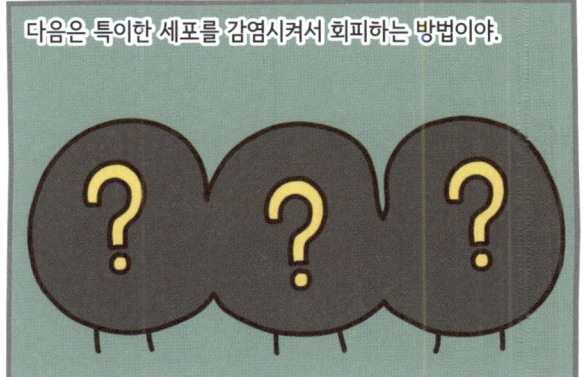

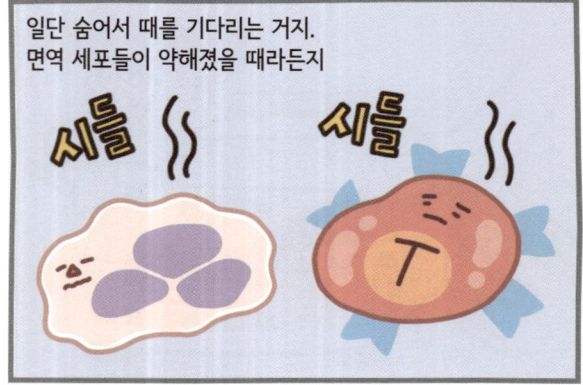

23장. 세균과는 또 다른 바이러스의 면역 반응 회피! ①

때가 오면 잽싸게 밖으로 나와

친화성이 있는 세포를 감염시키고,

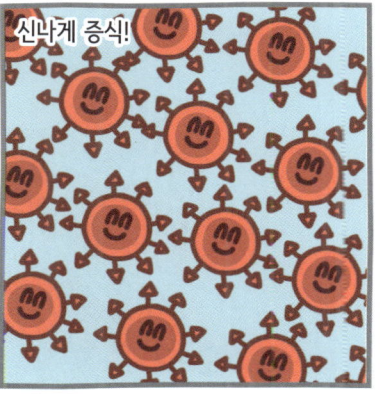
신나게 증식!

바이러스가 으레 그렇듯 병을 일으키지.

두 번째, 정지세포는 세포 성장이 완전히 멈춘 세포야.

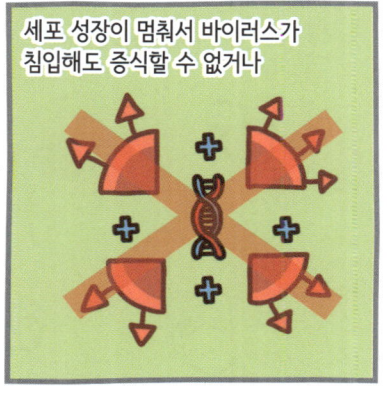
세포 성장이 멈춰서 바이러스가 침입해도 증식할 수 없거나

굉장히 오래 걸리고 힘들다는 특징이 있는데,

역시 여기어 침입해도 면역 반응을 회피할 수 있어.

여기도 열을 리가 없지...

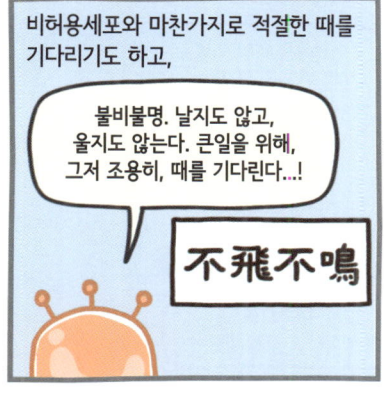
비허용세포와 마찬가지로 적절한 때를 기다리기도 하고,

불비불명. 날지도 않고, 울지도 않는다. 큰일을 위해, 그저 조용히, 때를 기다린다...!

不飛不鳴

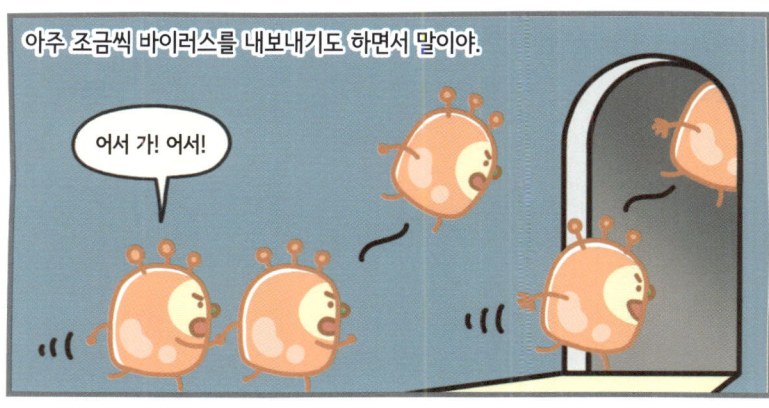
아주 조금씩 바이러스를 내보내기도 하면서 말이야.

어서 가! 어서!

마지막 미분화세포는 구조나 기능이 특수하게 발달되지 않은 덜 자란 세포를 뜻해.

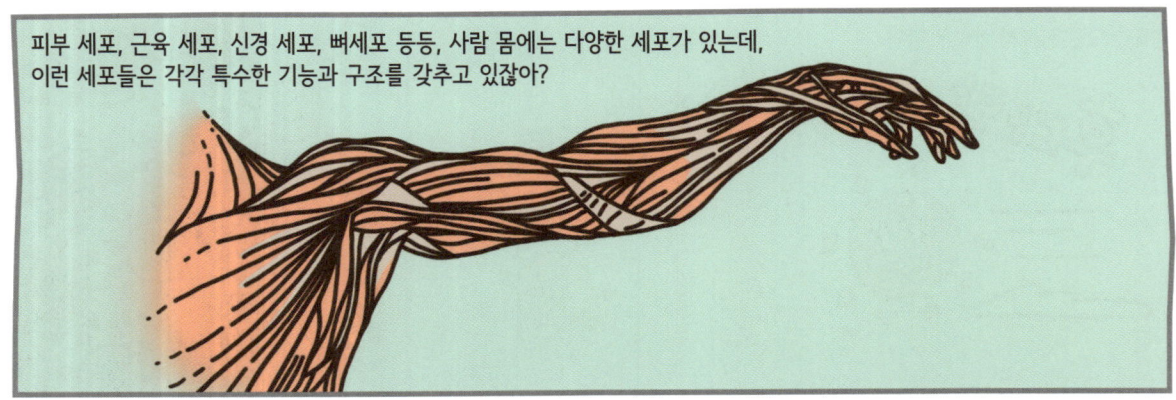

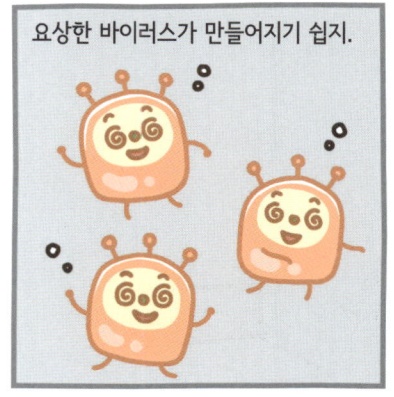

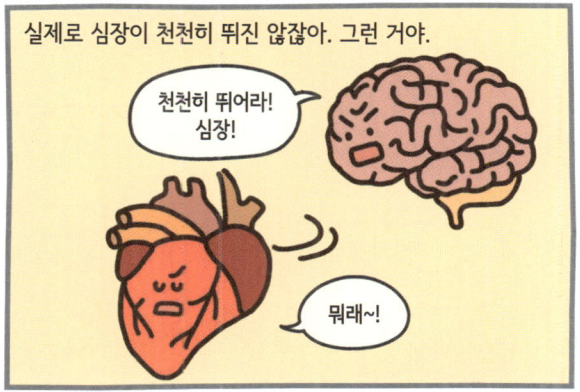

23장. 세균과는 또 다른 바이러스의 면역 반응 회피!

Short Interview | 김씨 편

Q. 어떻게 아직까지도 체포되지 않았나?

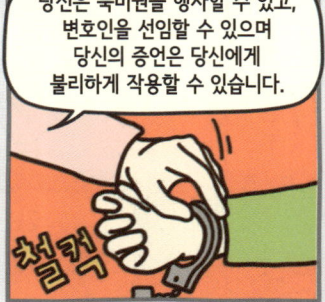

24장. 세균과는 또 다른 바이러스의 면역 반응 회피! ②

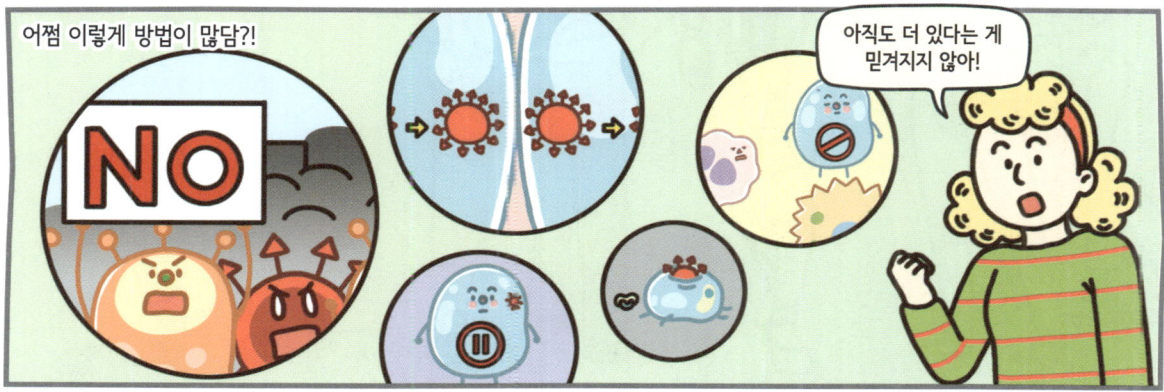

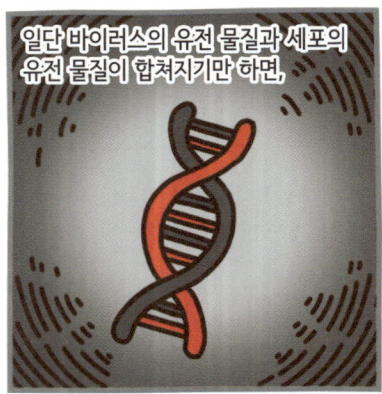
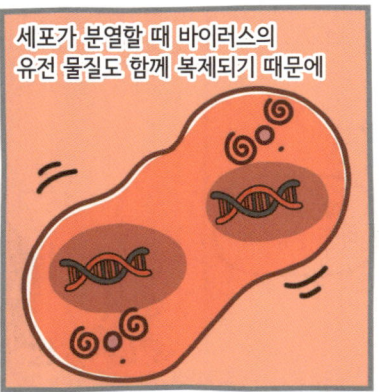

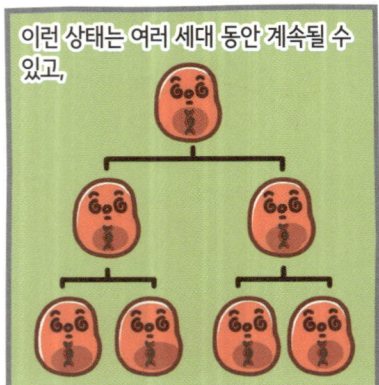

24장. 세균과는 또 다른 바이러스의 면역 반응 회피! ②

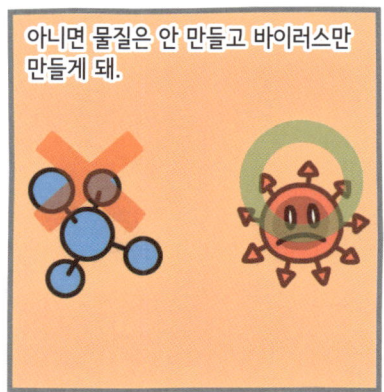
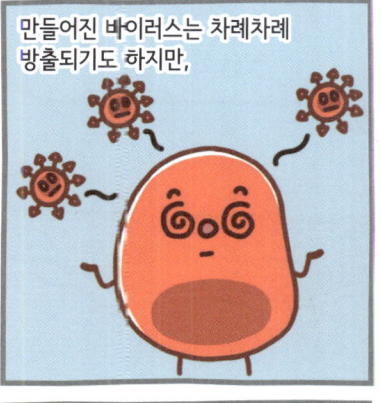

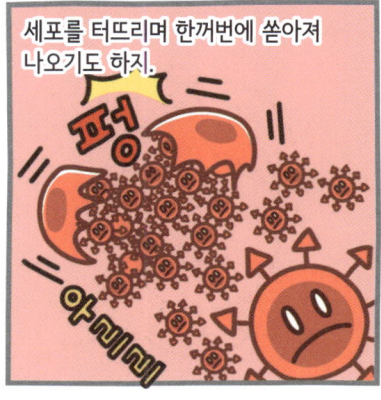
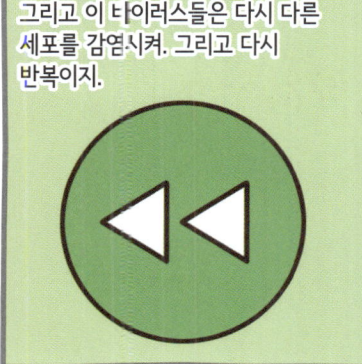

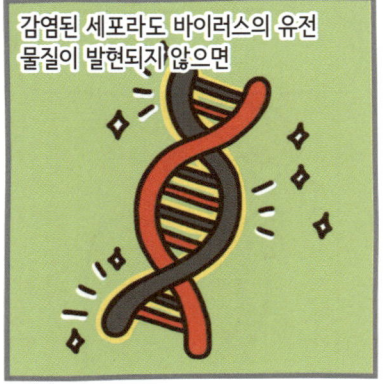

24장. 세균과는 또 다른 바이러스의 면역 반응 회피! ②

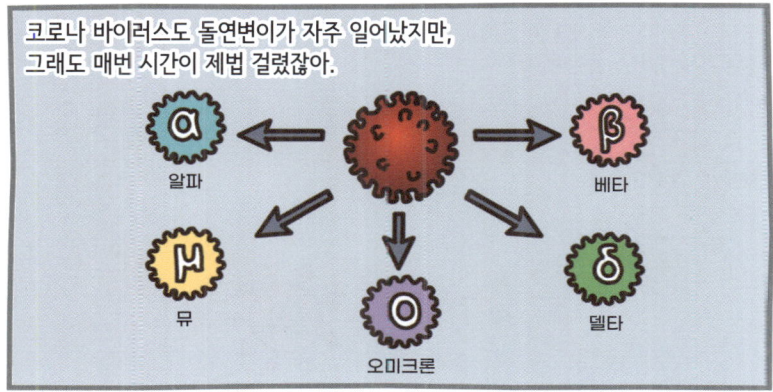

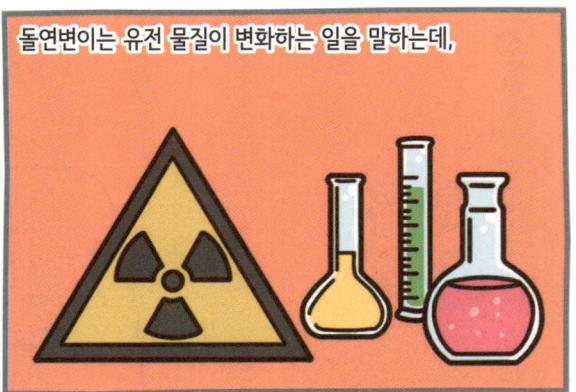

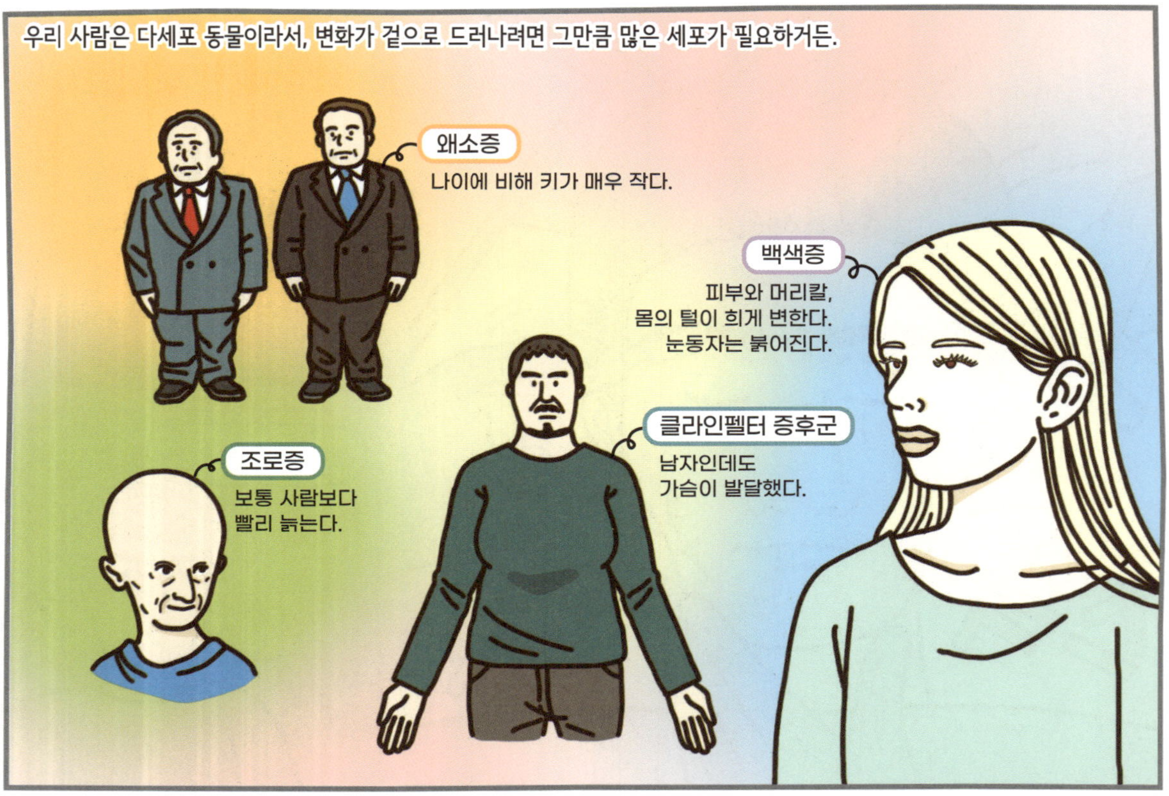

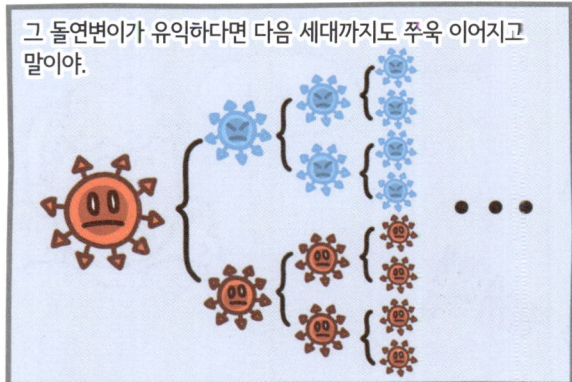

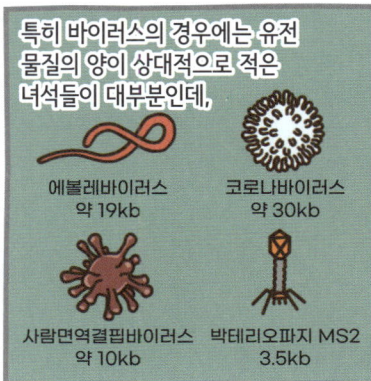

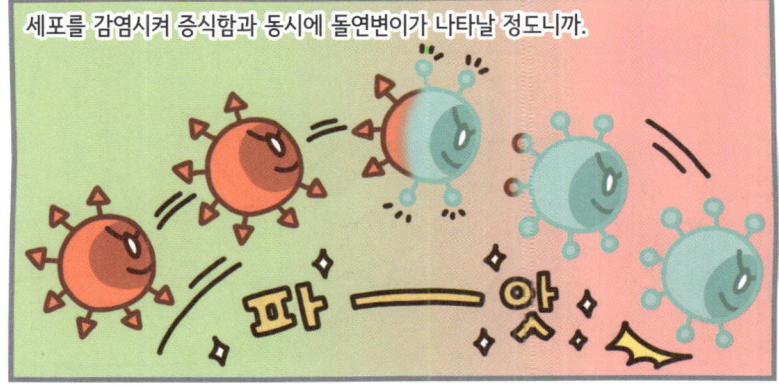

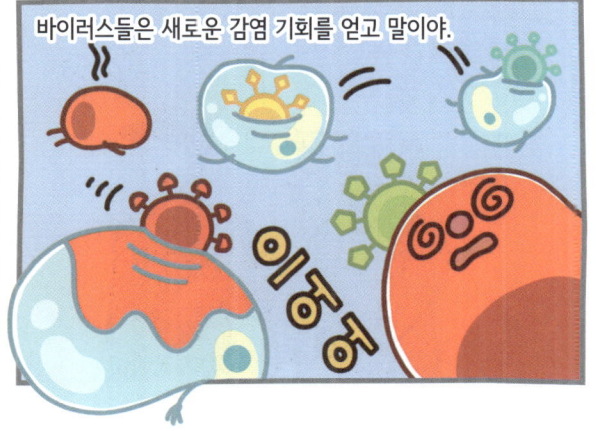

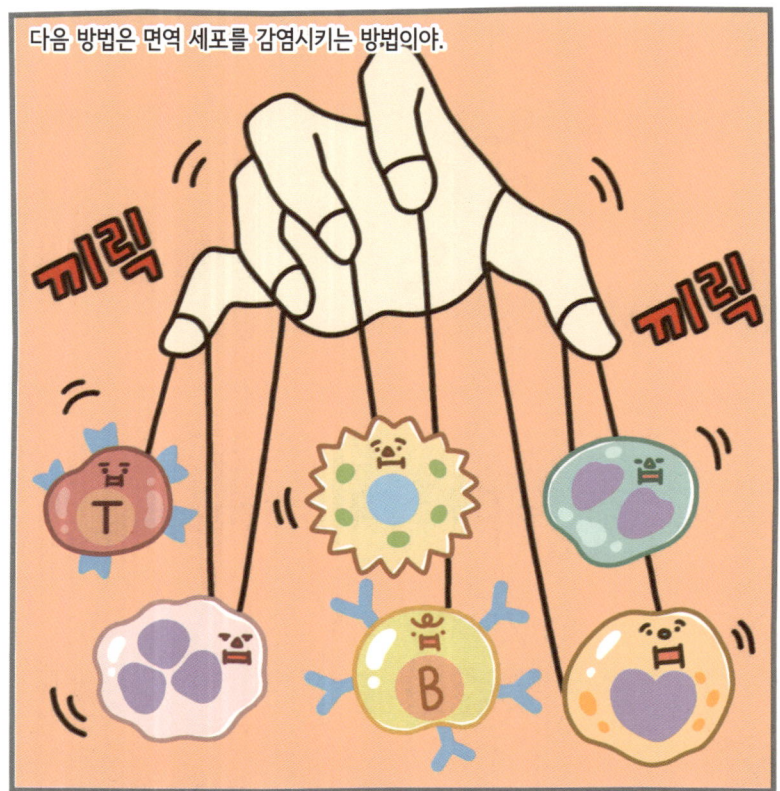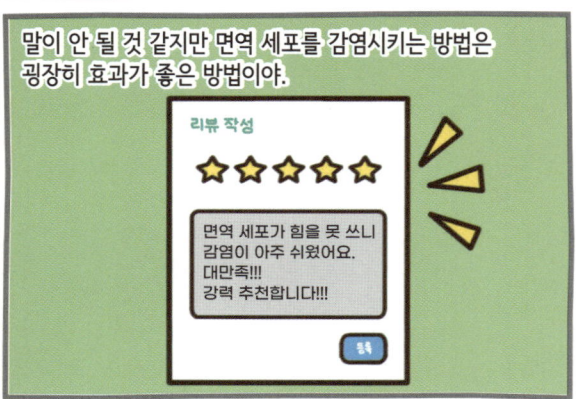

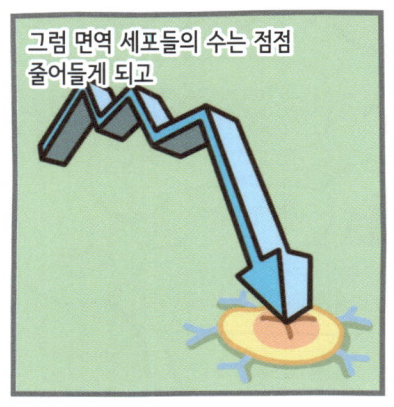

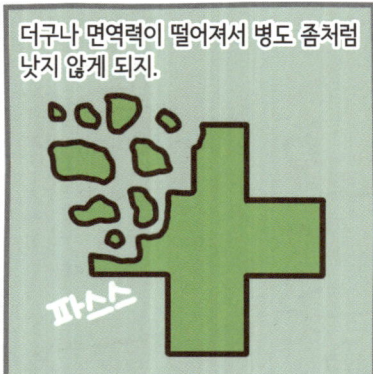
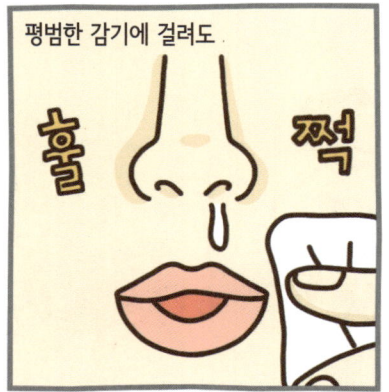

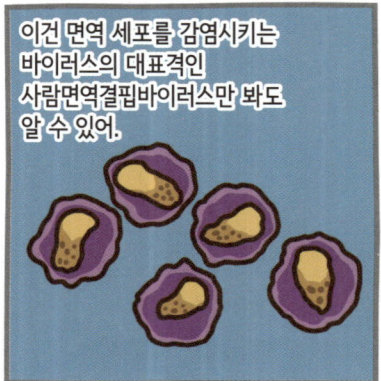

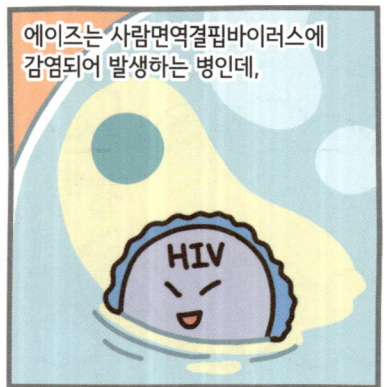
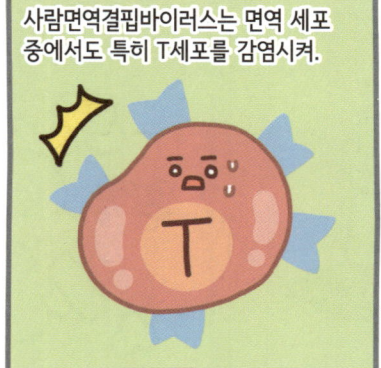

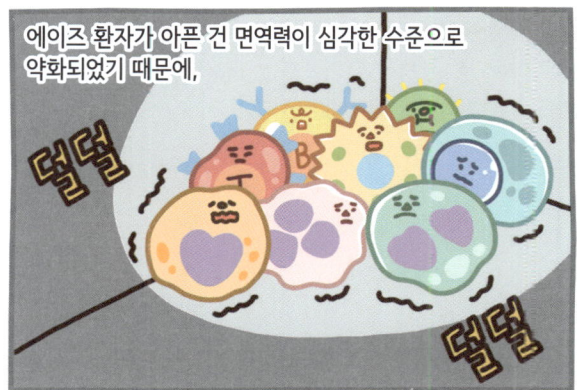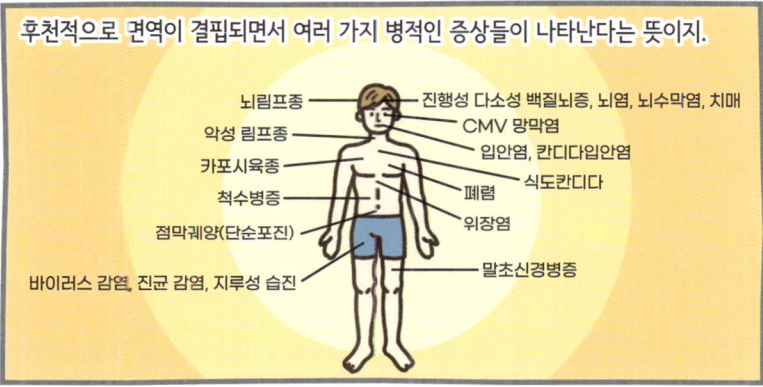

바이러스의 면역 반응 회피

바이러스가 활동하기 위해서는 바이러스의 복제와 새로운 숙주 세포로의 전이가 필수적이야.
하지만 이러한 행동들은 숙주가 침입자의 존재를 알아차릴 수 있게 만들어 줘. 그래서
바이러스가 우리 몸을 감염시키기 위해서는 세균과 마찬가지로 반드시 면역 반응을 회피해야만 해.
어떠한 방법이 있을까?

1. 비세포 파괴성 감염

비세포 파괴성 감염은 바이러스가 세포를 파괴하지 않는
감염이라는 뜻이야. 보통 바이러스의 감염과 복제는 숙주 세포의
기능을 방해하며 비정상적인 상태에 놓이게 해. 결국에는 세포가
괴사하게 만들어. 하지만 일부 바이러스는 명백한 병리적 변화를
유발하지 않으면서 숙주 세포에 지속적으로 거주하고 살아가.
세포 활동에는 큰 부담을 지우지 않으면서 바이러스의 증식을
해내는 거야. 그럼 세포가 면역 세포를 부르는 물질을 방출하지
않아서 면역 반응이 매우 더디게 이뤄지거나 아예 이뤄지지 않아.
물론 비세포 파괴성 감염을 일으키는 바이러스들도 어떠한 자극을
받게 되면 세포를 파괴하며 병을 일으켜.

2. 세포 간 전파 감염

감염된 세포와 주변의 감염되지 않은 세포의 접촉을 통해
바이러스가 퍼지는 감염이야. 바이러스는 일반적으로
세포를 감염시키고 난 뒤, 일단 한번 세포 밖으로 나와야
해. 그래야 다른 세포를 감염시킬 수 있기 때문이지. 이때
세포 밖으로 나오는 바이러스를 처리할 수 있다면, 감염된
세포의 수는 더 이상 늘지 않아. 남아 있는 감염된 세포를
모두 파괴하면 바이러스 감염에서 벗어날 수 있어. 하지만
세포 간 전파 감염은 바이러스가 세포에서 세포로 이동하며
감염이 이뤄지기 때문에, 면역 세포들이 감염된 세포를 모두
찾아 파괴해야만 바이러스를 물리칠 수 있게 돼.

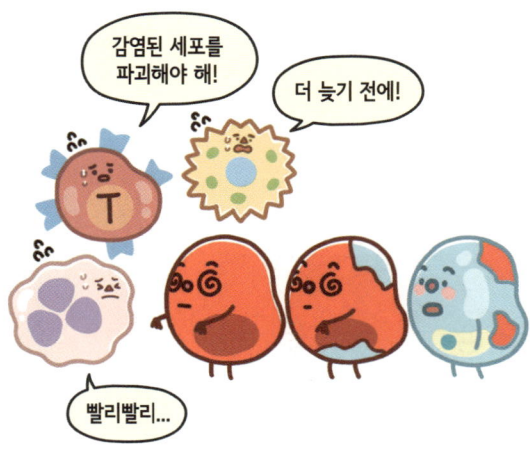

3. 비허용세포, 정지세포, 미분화세포 감염에 의한 회피

세포 중에는 비허용세포, 정지세포, 미분화세포라는 특수한 세포들이 있지. 일부 바이러스는 이렇게 특수한 세포에 침입해서 우리 몸의 면역력이 약해질 때를 기다렸다가 활동하기도 해.

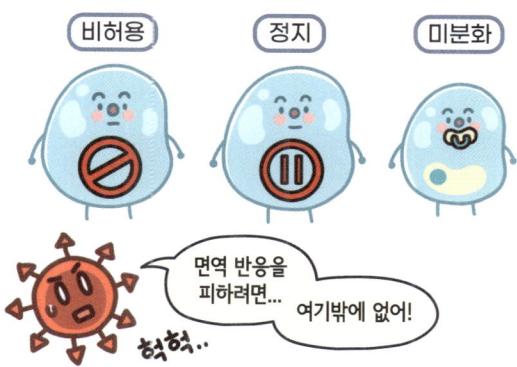

4. 바이러스의 유전 물질과 숙주 세포의 유전 물질의 합체

바이러스의 유전 물질이 숙주 세포의 유전 물질에 더해지면 세포가 분열하며 성장할 때, 바이러스의 유전 물질도 함께 복제돼. 분열된 세포도 바이러스의 유전 물질을 갖게 되는 거야. 이런 상태는 여러 세대 동안 계속될 수 있고, 복제 과정을 거듭하면서 수많은 세포들이 바이러스의 유전 물질을 포함하게 돼. 이러면 비세포 파괴성 감염과 마찬가지로 바이러스의 유전 물질이 발현되지 않을 경우, 세포는 정상적인 상태에 놓여 있기 때문에 면역 반응이 이뤄지지 않아.

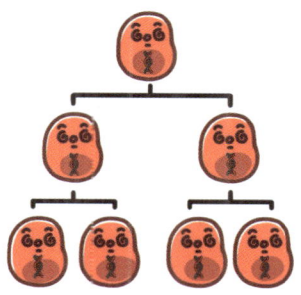

5. 돌연변이 발생

어떤 바이러스는 돌연변이를 일으킴으로서 면역 반응을 회피하기도 해. 돌연변이를 일으키면 기존의 면역 세포들이 면역 반응을 일으키기 힘들어지거든. 새로운 바이러스를 만난 셈이니 말이야. 더구나 바이러스는 유전 물질의 양이 적고 단순해서 돌연변이를 일으키기 쉬운 축에 속하는데, 특히 양이 적은 몇몇의 바이러스는 돌연변이가 매우 빠르게 이뤄지는 특성을 가졌어.

6. 면역 세포 감염

바이러스가 면역 세포를 감염시키면, 바이러스를 처단하기 위해서 면역 세포가 면역 세포를 공격하는 일이 발생해. 그럼 면역 세포들의 수는 점점 줄어들게 되고, 결국은 면역력이 저하되어 다양한 질병에 노출될 확률이 늘어나. 더구나 면역력이 떨어져서 병도 좀처럼 낫지 않게 돼.

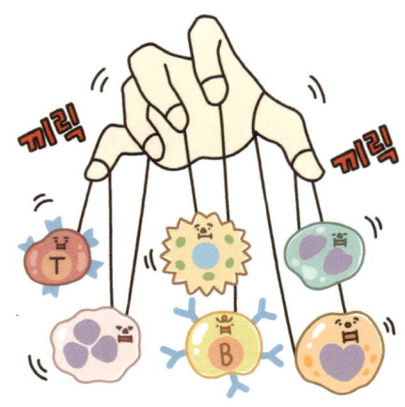

25장. 감염이라고 다 똑같은 감염이 아니야!

25장. 감염이라고 다 똑같은 감염이 아니야!

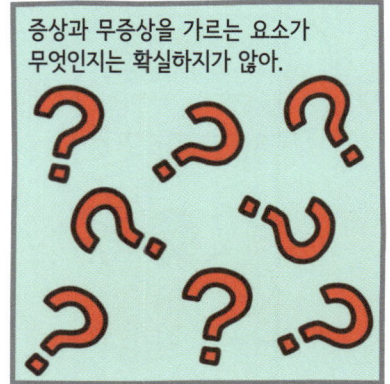
증상과 무증상을 가르는 요소가 무엇인지는 확실하지가 않아.

연령,

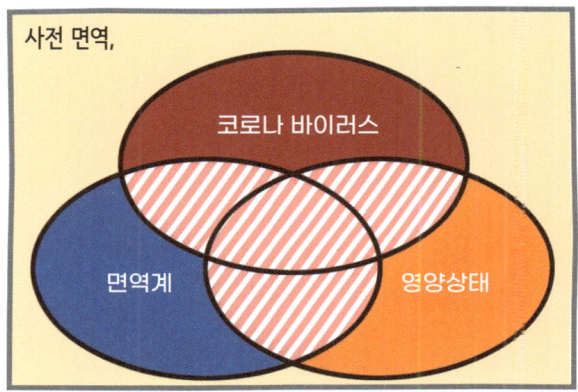
사전 면역,
코로나 바이러스
면역계
영양상태

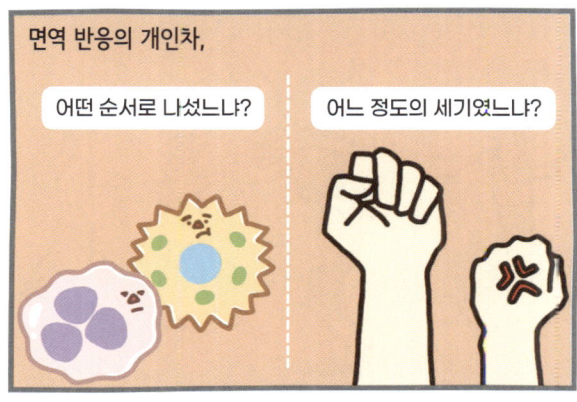
면역 반응의 개인차,
어떤 순서로 나섰느냐?
어느 정도의 세기였느냐?

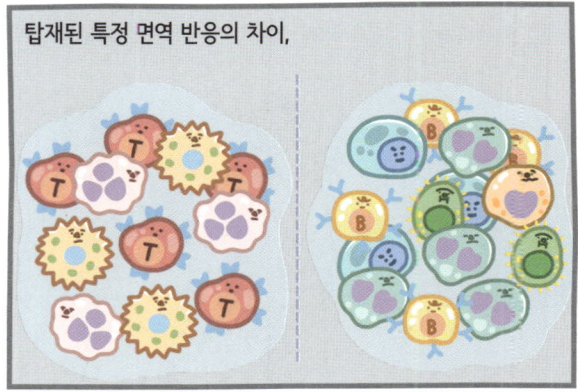
탑재된 특정 면역 반응의 차이,

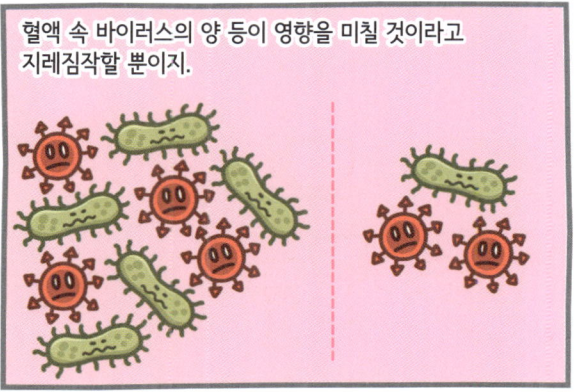
혈액 속 바이러스의 양 등이 영향을 미칠 것이라고 지레짐작할 뿐이지.

분명한 건 무증상 감염자들도 증상을 겪는 사람들과 비슷한 양의 바이러스를 갖는다는 것뿐이야.

25장. 감염이라고 다 똑같은 감염이 아니야!

하지만 너무 불안에 떠는 것도 좋지 않으니까.

"코로나일지도 몰라... 아니! 코로나에 걸린 게 틀림없어!"

그럴 땐 병원에 가서 진단을 받아보는 것도 좋겠지.

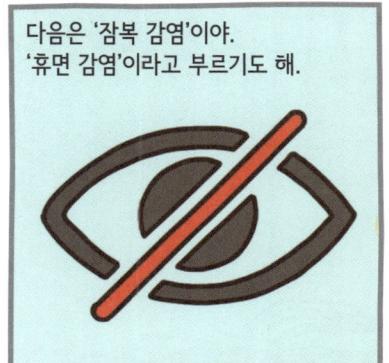

다음은 '잠복 감염'이야.
'휴면 감염'이라고 부르기도 해.

잠복 감염은 무증상 감염과 마찬가지로 감염됐음에도 불구하고 병적인 증상이 나타나지 않아.

그래서 종종 '무증상 잠복 감염'이라고 부르면서 무증상 감염과 같은 것처럼 착각하는 경우도 있어.

"무증상 감염이나 잠복 감염이나 같은 거 아닌가?"

하지만 엄밀히 말해 이 둘은 다른 거야.

잠복 감염은 감염시킨 세균이나 바이러스가 활동을 하지 않기 때문에 증상이 나타나지 않는 거거든.

예를 들어 세균과 면역 세포들의 평형 관계가 성립한다거나

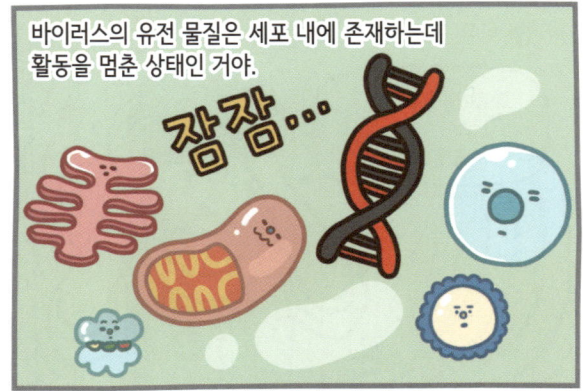
바이러스의 유전 물질은 세포 내에 존재하는데 활동을 멈춘 상태인 거야.

즉, 잠복 감염이 이뤄지면 지금 당장은 괜찮을지 몰라도

몸 상태에 따라 세균이나 바이러스가 활개칠 환경이 주어지면 언제든 증상이 나타날 수 있단 말씀.

마치 언제 터질지 모르는 시한폭탄을 안고 있는 것과 같아!

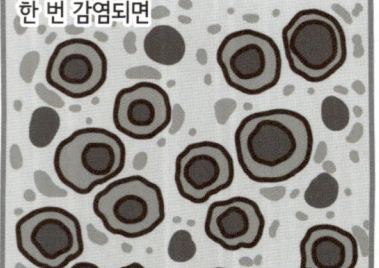
예를 들어 단순헤르페스바이러스는 한 번 감염되면

평생이 지나도 체내에서 완전히 제거되지 않아.

완전히 없어진 줄 알겠지만... 후후...

몸 상태가 나빠지면 활동을 시작하고,

25장. 감염이라고 다 똑같은 감염이 아니야!

몸 상태가 좋아지면 활동을 멈춘 뒤 잠복해 버리는 일을 무한히 반복하거든.

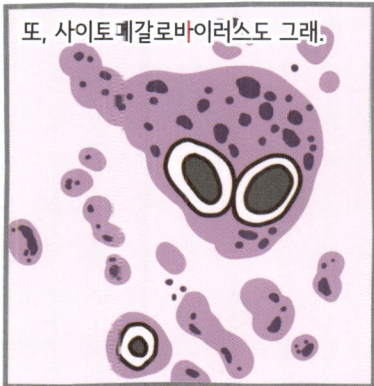
또, 사이토메갈로바이러스도 그래.

한번 감염되면 몸에서 평생 잠복하다 조건이 맞을 경우 활동을 시작하지. 굉장히 까다로운 조건이긴 하지만 말이야.

그렇단 말이지? 얼마나 까다로운지 한번 보자!

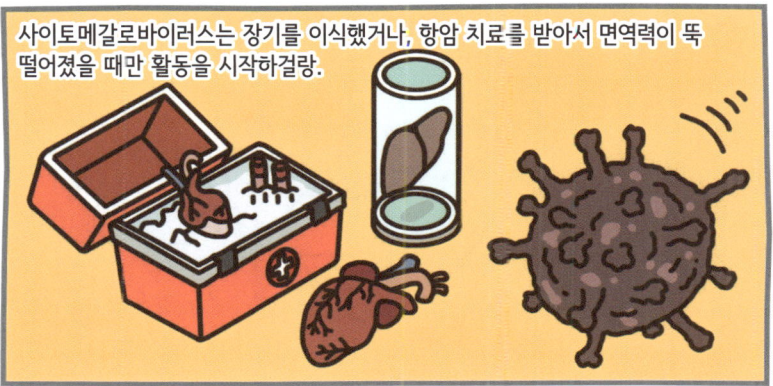
사이토메갈로바이러스는 장기를 이식했거나, 항암 치료를 받아서 면역력이 뚝 떨어졌을 때만 활동을 시작하걸랑.

쳇, 이번만은 인정해 주지.

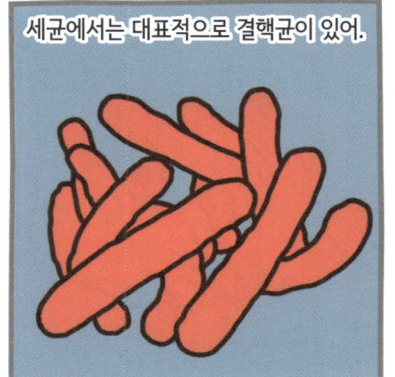
세균에서는 대표적으로 결핵균이 있어.

결핵균이 폐로 흡입되어도 면역 세포들이 결핵균의 증식을 저지하면

결핵에 걸리지 않고 잠복 감염인 상태로 이어지게 돼.

분하지만 일단 얌전히 있어 주마...!

하아..

너무 충격적이야. 나도 모르게 감염돼 있을 수도 있고, 남을 전염시킬 수도 있는 데다 나중에 발병할 수도 있다니...

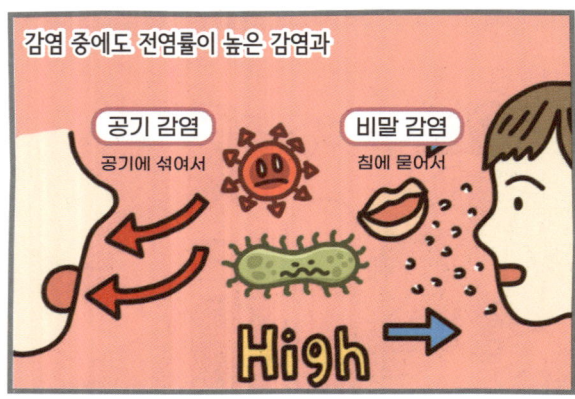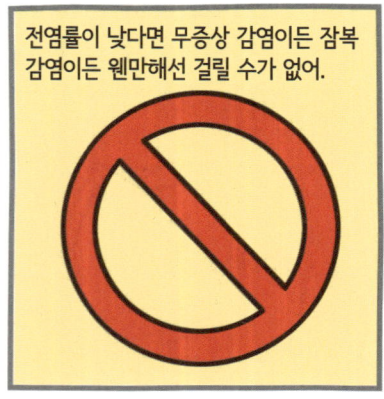

25장. 감염이라고 다 똑같은 감염이 아니야!

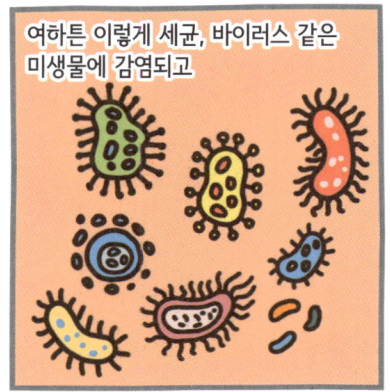
여하튼 이렇게 세균, 바이러스 같은 미생물에 감염되고

명백한 증상이 나타나는 걸

1차 감염이라고 해.

N차 감염과 같은 연쇄 감염과는 다른 의미니까 주의할 것!

즉, 대부분의 감염병은 1차 감염인 셈이야.

홍역, 백일해, 볼거리, 디프테리아, 성홍열, 이질, 뇌막염, 비브리오, 패혈증, 보툴리누스 식중독, 살모넬라, 요로감염, 거짓막 대장염, 파상풍, 장티푸스, 인플루엔자, 폐렴, A형 간염, 유행성 이하선염, 풍진, 소아마비, B형 간염, 수두, 말라리아, 결핵, 한센병, 후천성 면역결핍증, 매독, 두창 등등

후후, 알았다. 2차 감염이 있는 거구나? 내 말 맞지!?

당연한 건데 무슨 대발견이라도 한 것 같은 표정 봐...

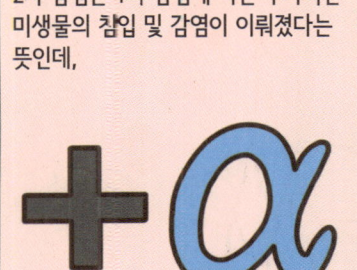
2차 감염은 1차 감염에 따른 추가적인 미생물의 침입 및 감염이 이뤄졌다는 뜻인데,

1차 감염 때문에 신체에 상처, 고름이 생겼거나

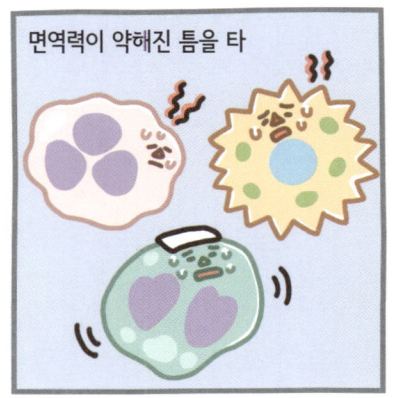
면역력이 약해진 틈을 타

별개의 미생물이 새로운 감염을 일으킨 상황!

175

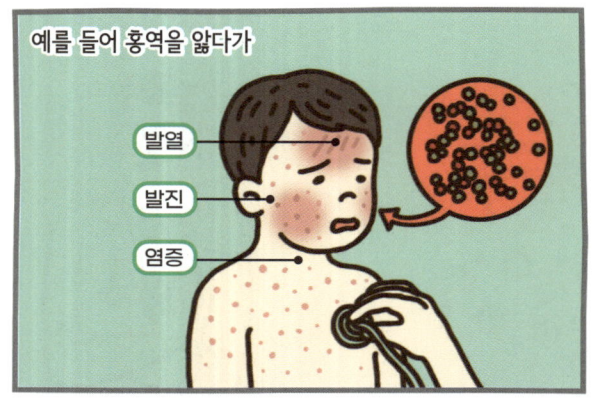
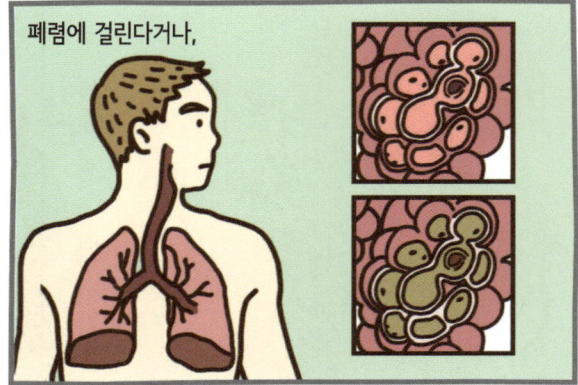
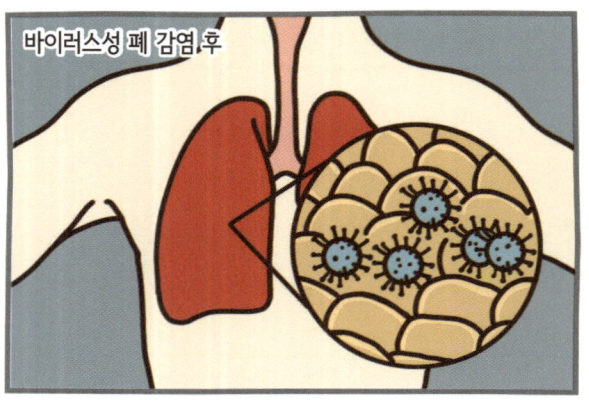

25장. 감염이라고 다 똑같은 감염이 아니야!

한쪽의 존재가 다른 쪽의 생존과 증식을 위협하는 거지.

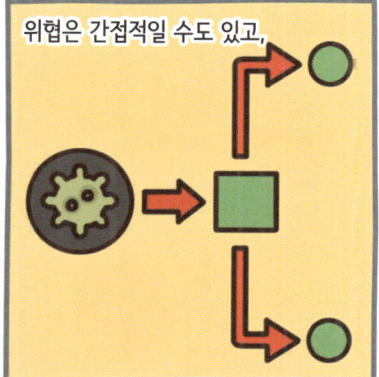
위협은 간접적일 수도 있고,

직접적일 수도 있어.

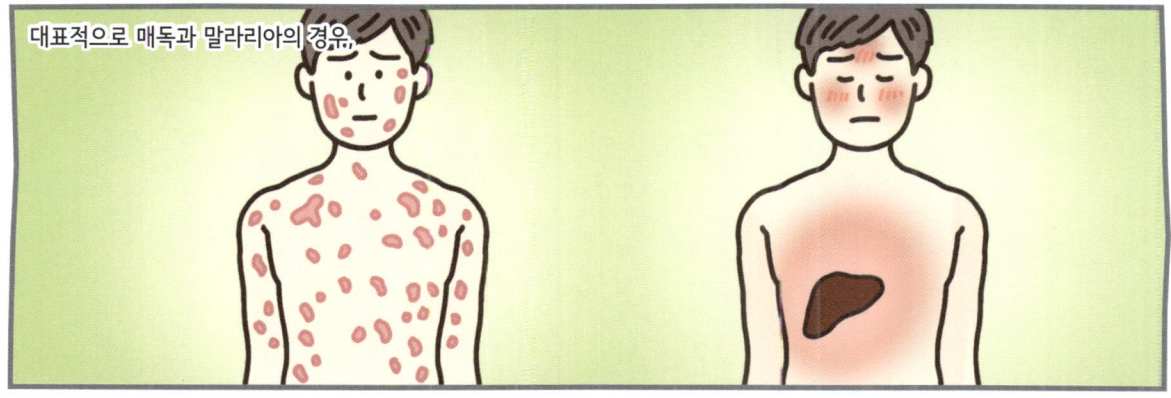
대표적으로 매독과 말라리아의 경우,

매독을 일으키는 매독균은 고온에 약한데, 말라리아를 일으키는 말라리아원충은 고열을 일으키지.
"뜨거운 거 싫어!"
"하지만 난 열을 일으키는데..."
"그럼 하지 마!"

그래서 매독에 걸린 후 말라리아에 걸리게 되면 매독은 고열에 의해 치유되고, 말라리아만 남게 돼.
"에라 모르겠다~"

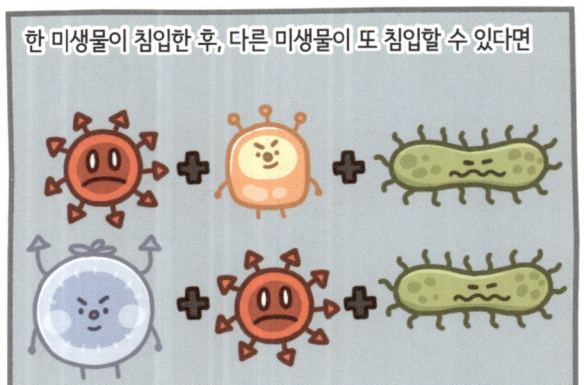

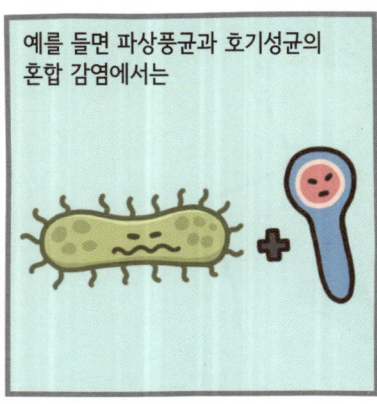
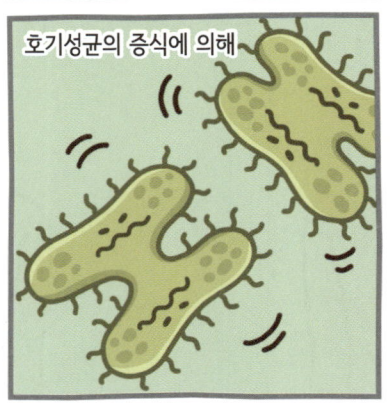

감염의 종류

보통 우리는 증상이 나타나서 병에 걸렸다고 인식했을 때, 비로소 감염됐다고 생각해.
이런 상황을 '현성 감염'이라고 하는데, 이것 말고도 감염에는 종류가 참 많아.

무증상 감염(불현성 감염)

감염이 되어 세균, 바이러스와 같은 병원체가 증식을 하는 데도 증상이 나타나지 않는 상황을 말해. 증상이 나타나지 않으니 건강한 상태라고 착각하기 쉬워. 하지만 감염도 됐고 면역 반응이 일어나고 있음에도 증상이 나타나지 않는 것이기 때문에, 다른 사람에게 전파할 수 있는 위험이 있어.

잠복 감염(휴면 감염)

잠복 감염은 무증상 감염과 마찬가지로 감염됐음에도 증상이 나타나지 않는 상황이야. 그래서 종종 '무증상 잠복 감염'이라 부르면서 무증상 감염과 같은 부류로 착각하곤 해. 하지만 이 둘은 엄밀히 말해 달라.
잠복 감염은 우리를 감염시킨 세균이나 바이러스 같은 병원체가 활동을 하지 않거나 굉장히 소극적으로 활동하고 있기 때문에 증상이 나타나지 않는 거거든. 병원체와 면역 세포의 평형 관계가 성립한다거나 바이러스의 유전 물질은 세포 내에 존재하는데 활동을 멈춘 상태인 거야. 지금 당장은 괜찮을지 모르지만, 몸 상태에 따라 언제든 증상이 나타날 수 있어.

1차 감염

병원체에 감염되고 명백한 증상이 나타나는 것.

2차 감염

1차 감염에 다른 추가적인 병원체의 감염이 이뤄져 증상이 심해지거나 새로운 증상이 발현하는 상황.

혼합 감염

2종 이상의 병원체가 같은 조직을 감염시키는 상황. 보통 혼합 감염이 이뤄지면 증상이 심해져.

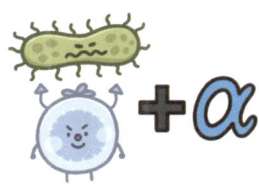

이것 말고도, 급성 감염, 만성 감염, 국소 감염, 길반화 감염, 화농성 감염, 역행 감염, 전격 감염 등등 다양한 종류의 감염이 있어.

26장. 그래도 괜찮아, 사람에겐 백신이 있으니까!

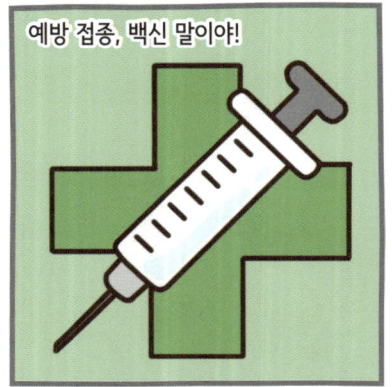

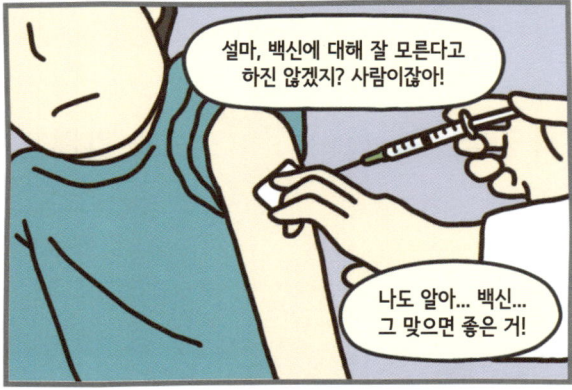

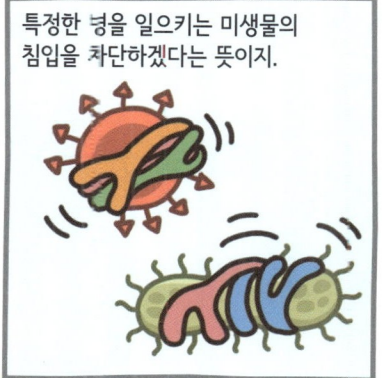

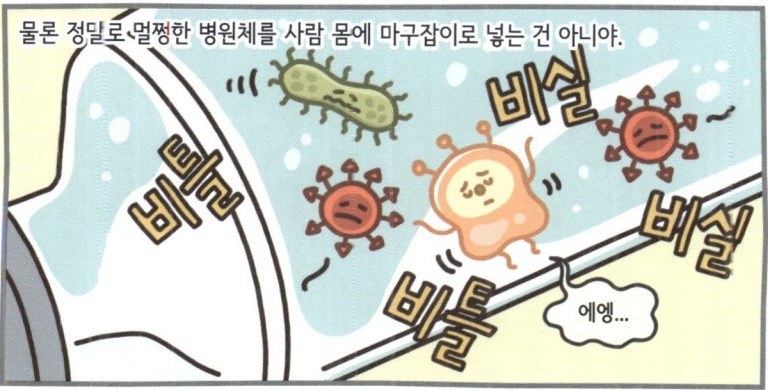
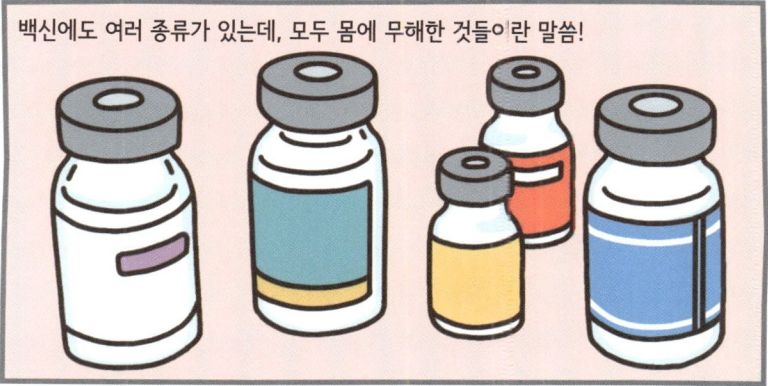

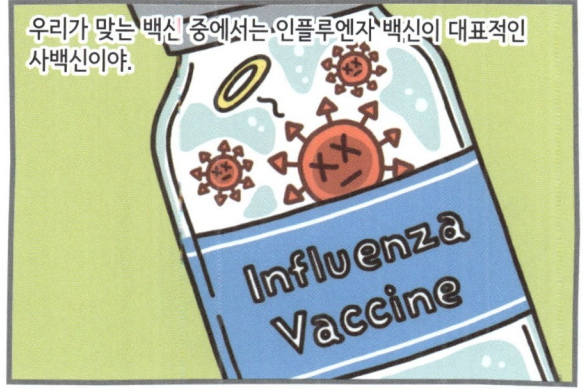

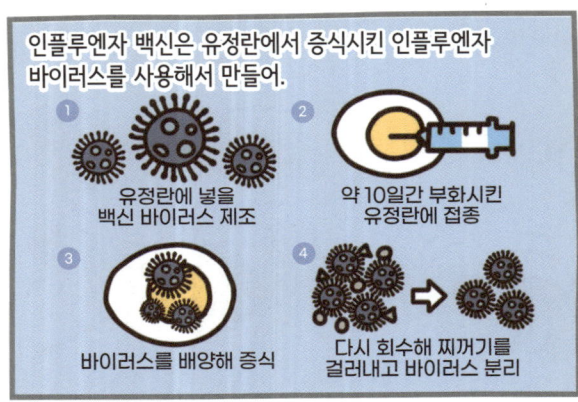

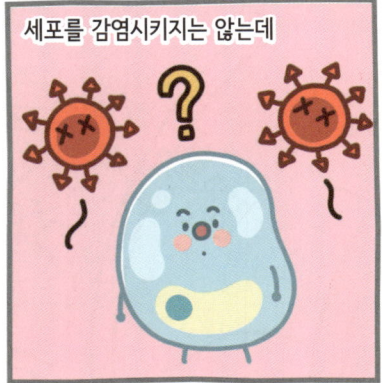

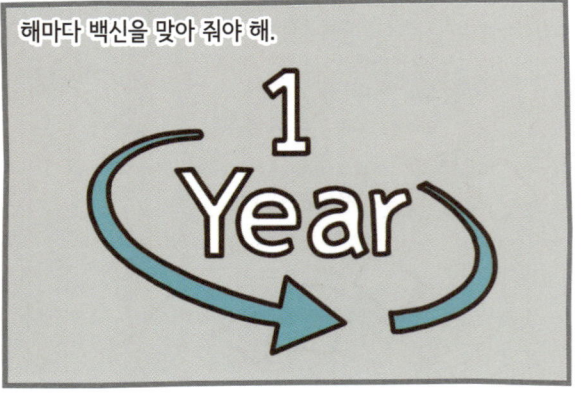

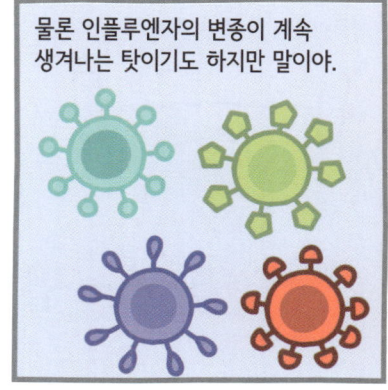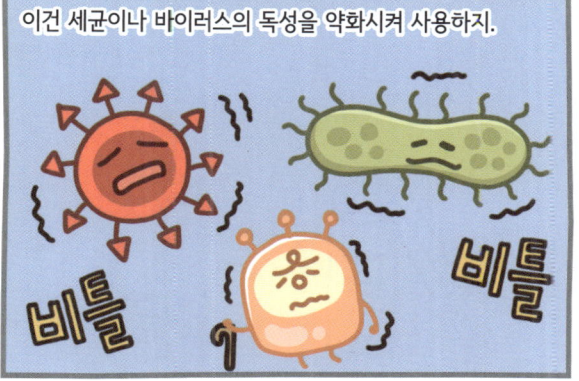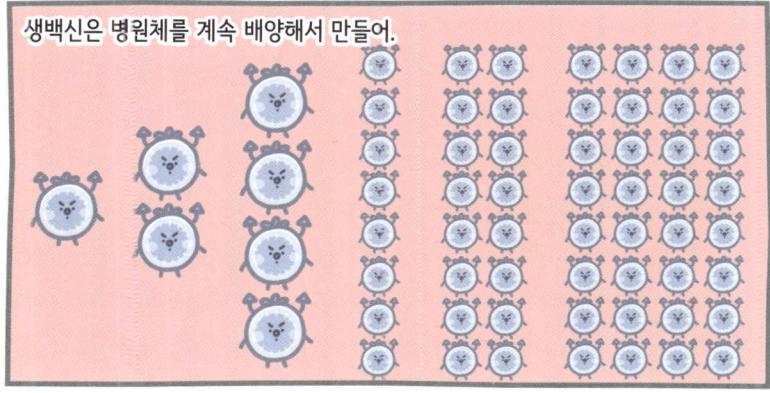

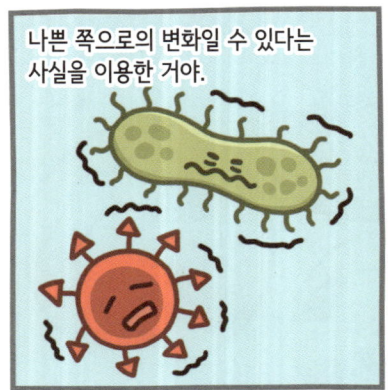

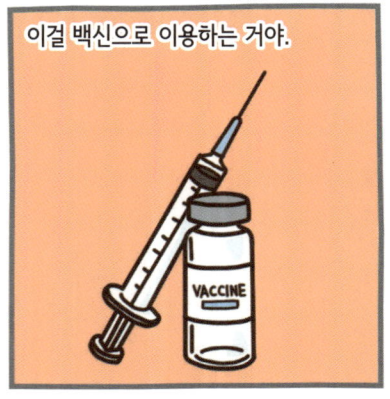
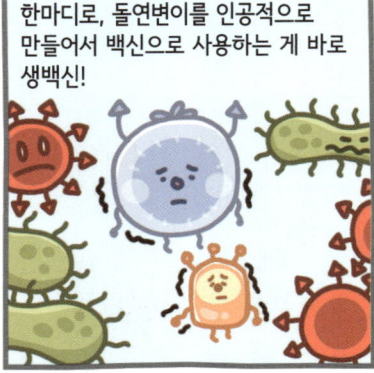

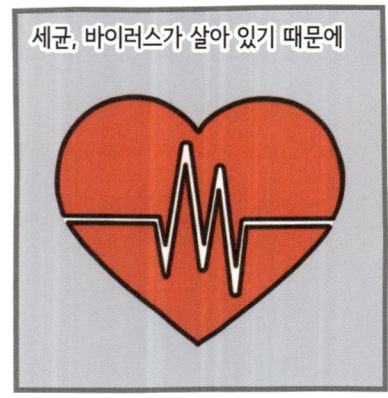

26장. 그래도 괜찮아, 사람에겐 백신이 있으니까!

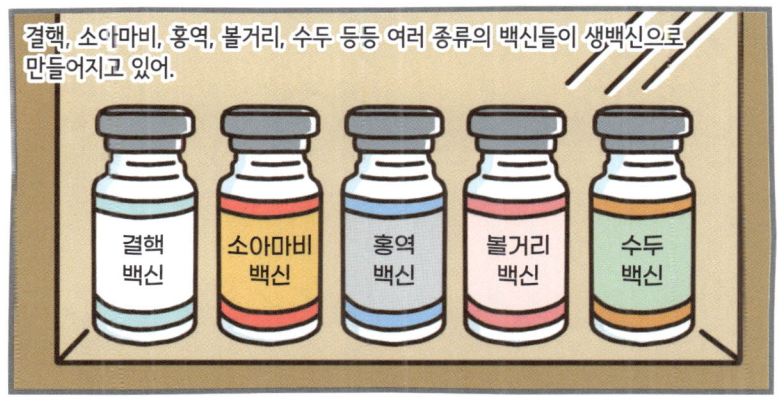

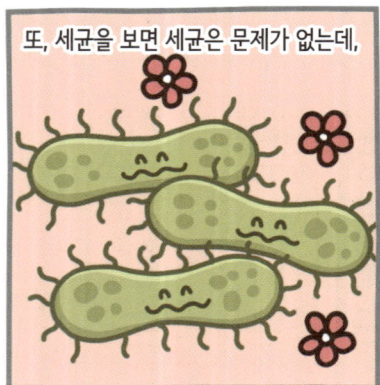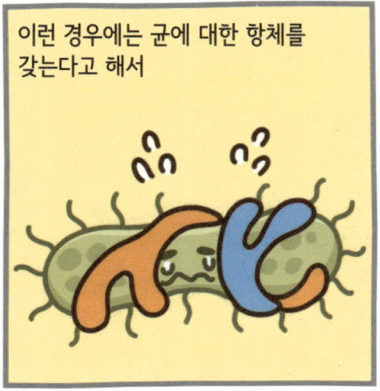

26장. 그래도 괜찮아, 사람에겐 백신이 있으니까!

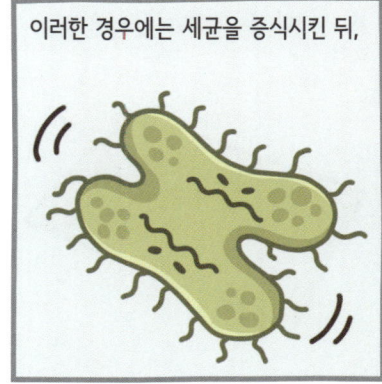

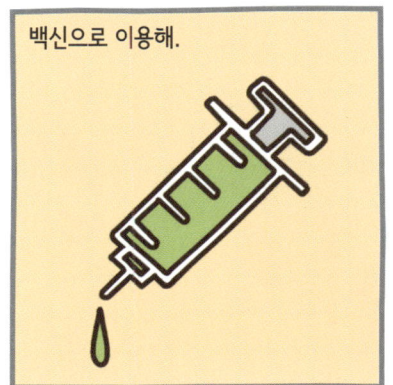

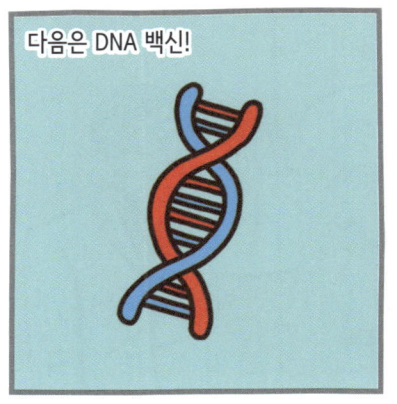

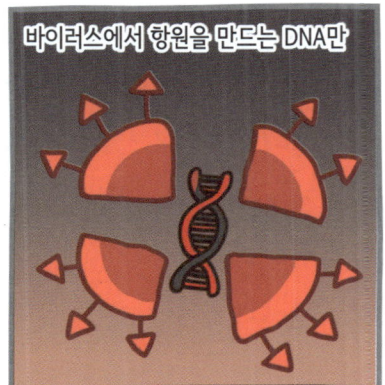

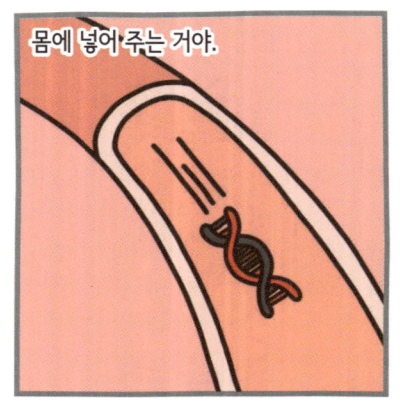

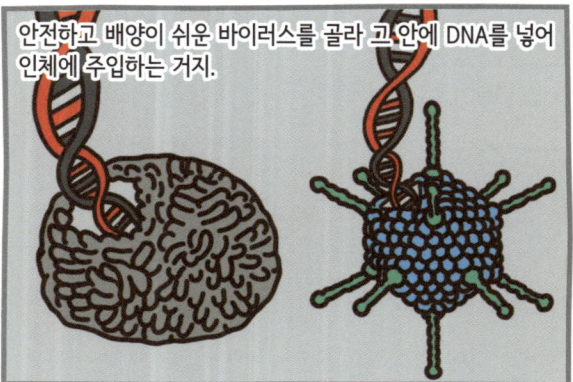

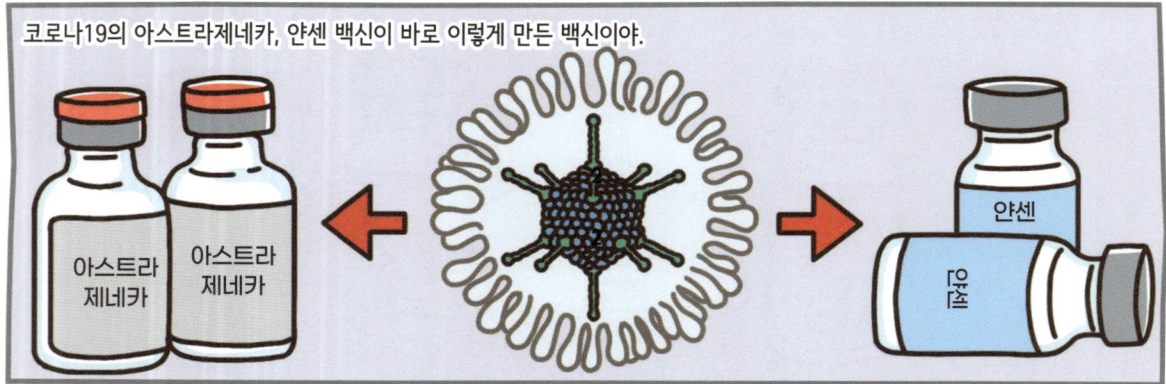
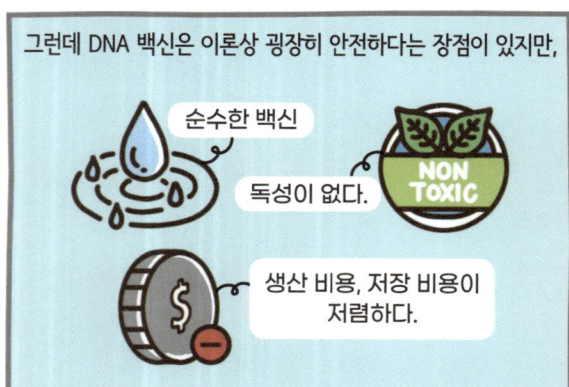

26장. 그래도 괜찮아, 사람에겐 백신이 있으니까!

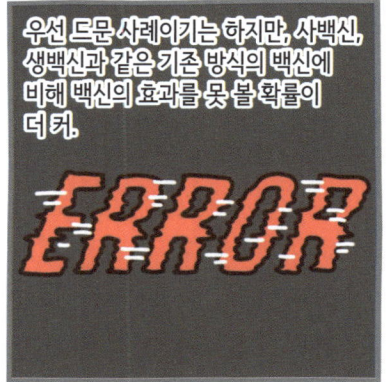
우선 드문 사례이기는 하지만, 사백신, 생백신과 같은 기존 방식의 백신에 비해 백신의 효과를 못 볼 확률이 더 커.

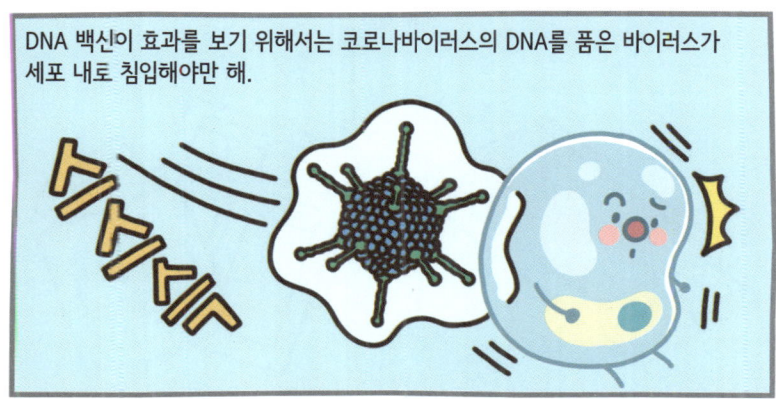
DNA 백신이 효과를 보기 위해서는 코로나바이러스의 DNA를 품은 바이러스가 세포 내로 침입해야만 해.

그래야만 항원이 있는 외피를 만들어서 세포 외로 방출하고,

우리 몸이 항체를 생성할 수 있을 테니 말이야.

그런데 백신에 쓴 바이러스가 세포 내로 침입하기 전에 면역 반응에 당해 버릴 수도 있어.

완전히 닭 쫓던 개 지붕 쳐다보는 격이지.

그리고 DNA 백신을 맞으면 심한 감기 몸살 증상이 나타나기 쉬워.

왜냐면 해가 없는 외피라도 우리 몸에 들어오면

우리 몸은 그걸 실제 감염된 것과 비슷하게 받아들이거든

그래서 면역 반응도 격하게 일어나지.

이건 부작용이 아니고, 원래 DNA 백신이 가지고 있는 운명과 같은 결함이지.

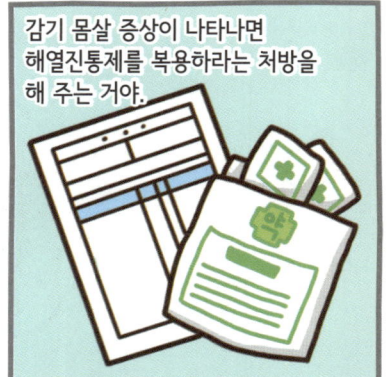

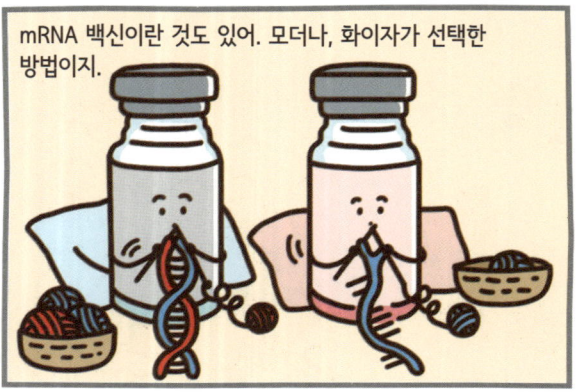
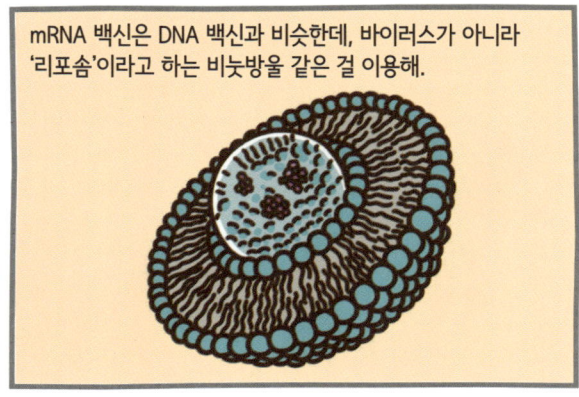

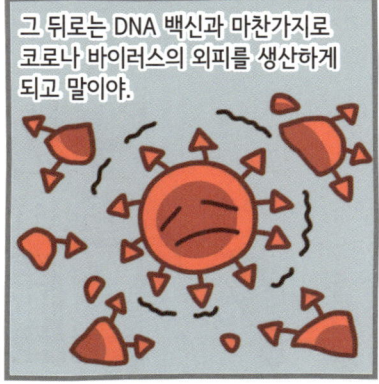

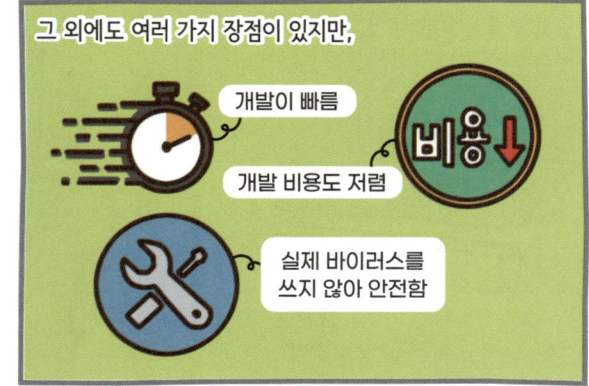

26장. 그래도 괜찮아, 사람에겐 백신이 있으니까!

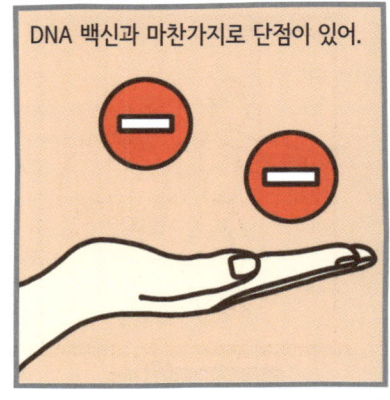
DNA 백신과 마찬가지로 단점이 있어.

일단 보편이 힘들어.

mRNA 백신은 굉장히 낮은 온도를 유지시켜 줘야 하거든.

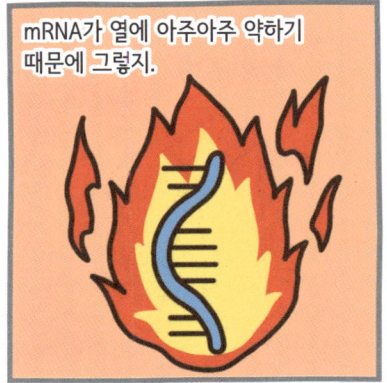
mRNA가 열에 아주아주 약하기 때문에 그렇지.

적정 온도를 유지시켜 주지 못하면, mRNA가 손상돼서

백신의 효과를 볼 수 없어.

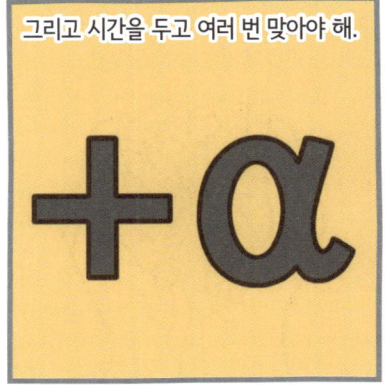
그리고 시간을 두고 여러 번 맞아야 해.

그래야 면역 기능이 더 활발해지면서

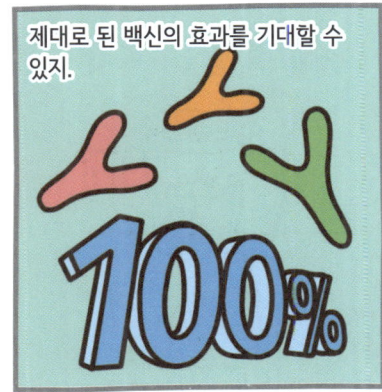
제대로 된 백신의 효과를 기대할 수 있지.

마지막 단점은 DNA 백신과 마찬가지로 감기 몸살 증상이 나타난다는 거야.

앞서 말했듯 어쩔 수 없는 일이지.

물이 흐르는 것처럼!

인간 놈들 우리를 개조하고 만들어 내고 아주 난리 블루스였구만…!

잔인해…!

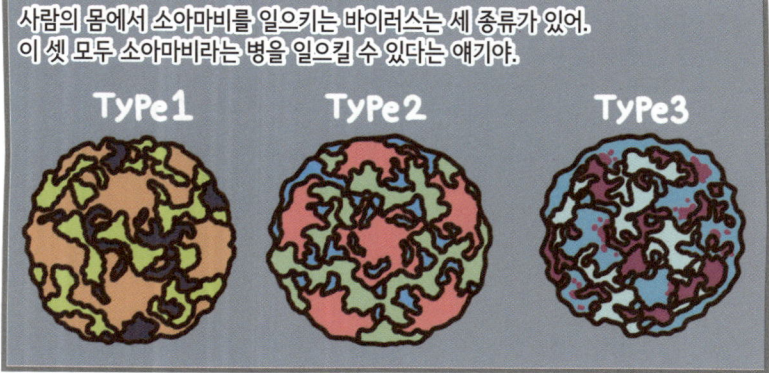

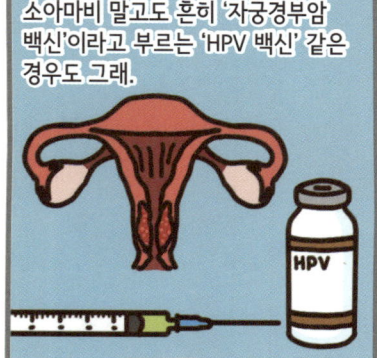

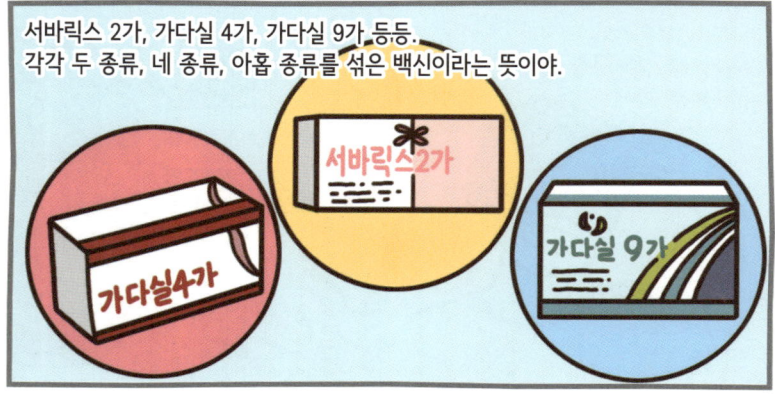

26장. 그래도 괜찮아, 사람에겐 백신이 있으니까!

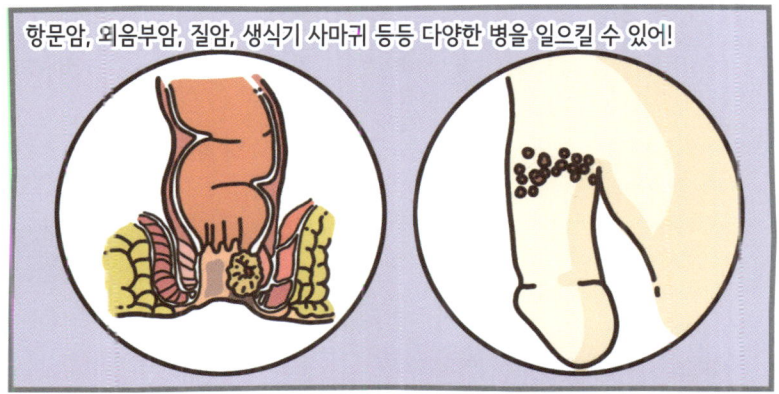

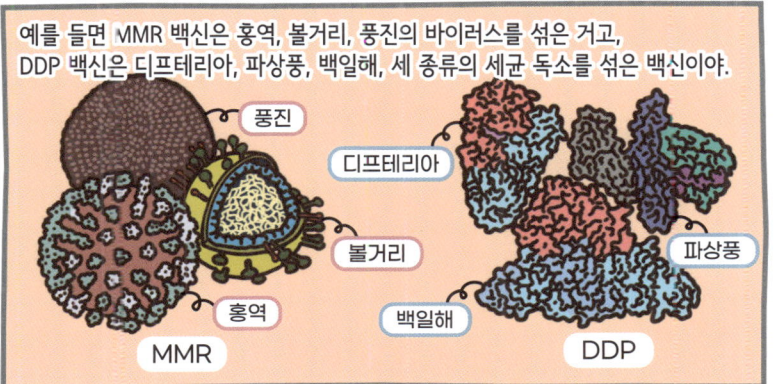

26장. 그래도 괜찮아, 사람에겐 백신이 있으니까!
Short Interview | 백신 편

인터뷰어 님이 사람 님, 세포 님, 세균 님, 바이러스 님을 초대했습니다.

백신에 대해 불만이 있으신 것 같은데?

바이러스: 불만이요? 엄청 많죠! 사람이 이렇게 지독한 것들인 줄 몰랐어요. 저희는 끽해야 세포를 양식 삼았을 뿐인데, 사람은 저희를 지지고 볶아서 개조를 해 버리잖아요!

세균: 맞아요! 백신 하나를 만들려고 얼마나 많은 동포들이 죽어 나갔을지... 상상만 해도 끔찍하다고요!

사람들도 세균과 바이러스 때문에 병에 걸리고, 심하면 죽기까지 했는데도요?

세균: 몰라, 몰라! 사람 나빠!

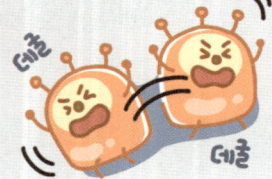

바이러스: 맞아! 사람 짜증 나!

 사람: 얘들이 이렇다니까. 이기적이야, 정말.

 세포: 진절머리 난다. 자기들만 생각하고...

27장. 백신부작용! 진실 혹은 거짓!

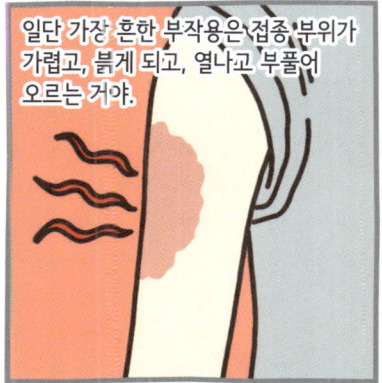

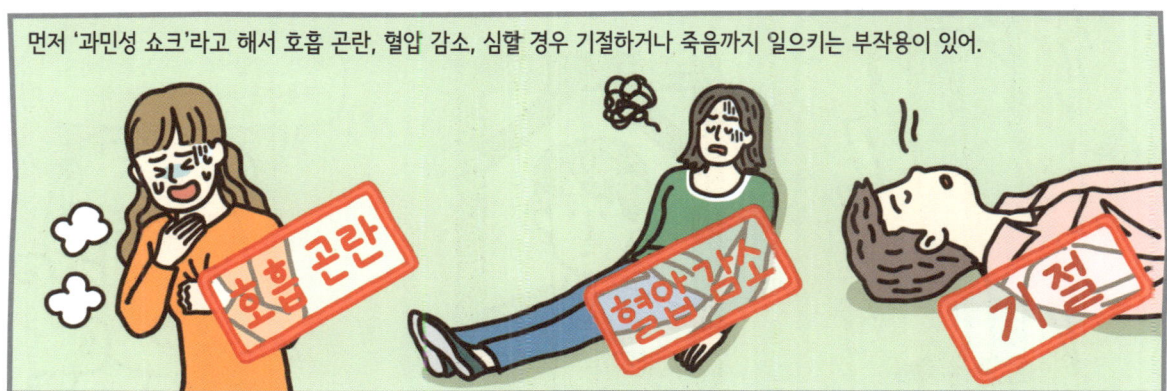

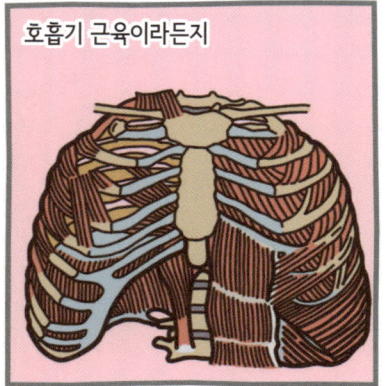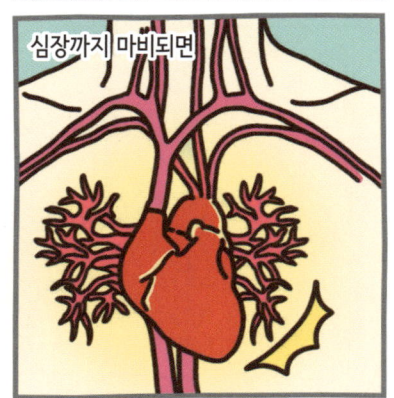

27장. 백신부작용! 진실 혹은 거짓!

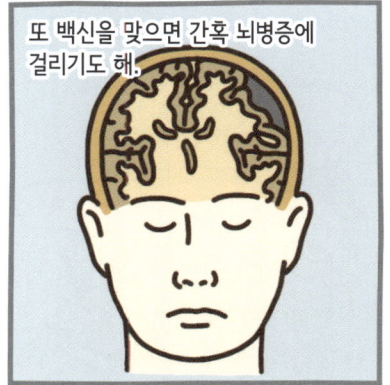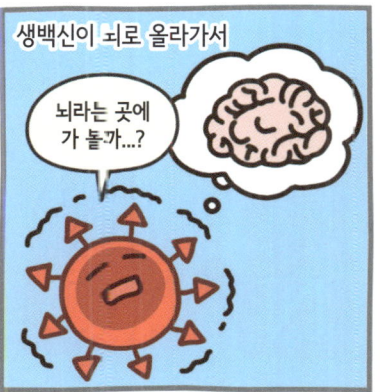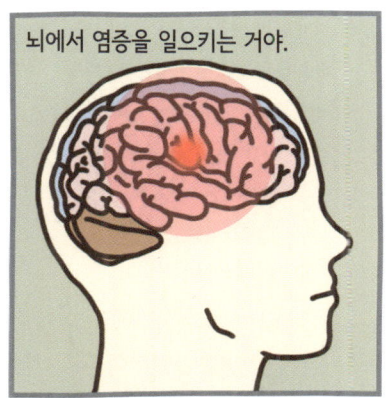

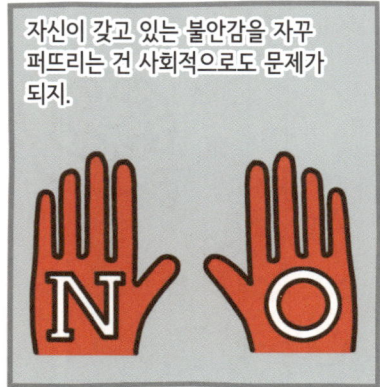

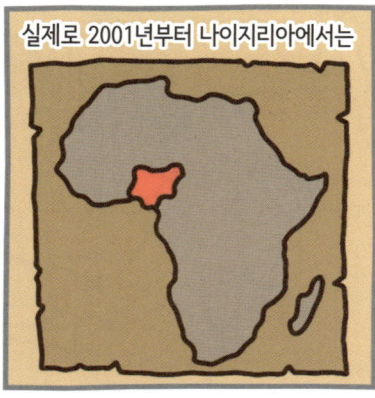

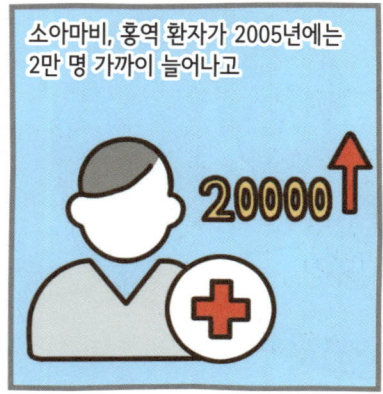

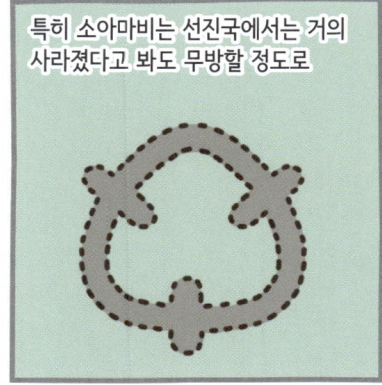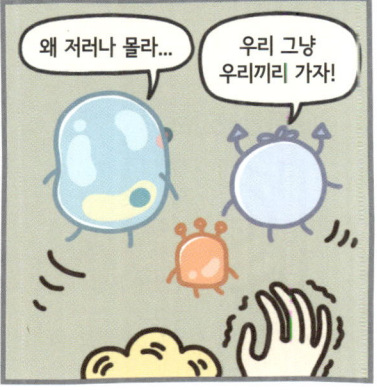

너무 작아서
눈에 보이지 않는 것들2

1판 1쇄 2025년 10월 1일

저   자 올드스테어즈 편집부
펴 낸 곳 OLD STAIRS
출판 등록 2008년 1월 10일 제313-2010-284호
이 메 일 oldstairs@daum.net

가격은 뒷면 표지 참조
979-11-7079-048-8
979-11-91156-15-7 (SET)

이 책의 전부 또는 일부를 재사용하려면 반드시 OLD STAIRS의 동의를 받아야 합니다.
잘못 만들어진 책은 구매하신 서점에서 교환하여 드립니다.

공통안전기준 표시사항

- **품명** : 도서
- **재질** : 지류
- **제조자명** : Oldstairs
- **제조국명** : 대한민국
- **제조연월** : 2025년 10월
- **주소** : 서울특별시 마포구 양화로12길 24, 4층
- **KC인증유형** : 공급자적합성확인

KC마크는 이 제품이 공통안전기준에 적합하였음을 의미합니다.
책 모서리에 찍히거나 책장에 베이지 않게 조심하세요.